もしものときから
日常のそなえまで

防災

ア手帖

世界文化社

はじめに

台風、大雨、地震、津波などの自然災害だけでなく感染症や犯罪などの危険へのそなえと対処法を網羅

新型コロナウイルスの世界的大流行により、私たちは多くの命と、日常生活など、大切なものを失いました。

まるでSF映画の中の世界のような、誰も経験したことのない現実を前に、私たちを取り巻く危険への意識やそなえを今まで以上に強固にするべきだと感じさせられています。

本書は、感染症や犯罪という「災い」も含めた、防災ガイドブックです。

台風、大雨、地震などの自

然災害はもちろん、感染症と犯罪についても、〈災害前の予防・そなえ〉と〈被災後の対処法〉を解説します。また、各分野の最前線で活躍する専門家にQ＆A形式でアドバイスをしていただきました。そして、生きていく上で大切な「お金とくらしのまもり方」について、災害の観点から詳しく紹介します。

これからの時代になくてはならない危機管理を網羅したバイブルとして一家に一冊置いてほしい防災アイデア手帖です。

目次

CONTENTS

PART02 風水害にあったとき

自然災害の多い日本で最も大切な事前対策やそなえとは

PART 03 地震にあったとき

いつ起こるかわからない大地震の被害想定やとっさの行動

CONTENTS

防犯のプロに聞く　高荷 智也さん

PART 04 犯罪に巻き込まれたとき

誰でも狙われる可能性がある重大犯罪から身を守ろう

PART 05 お金とくらしのまもり方

災害時の「困った!」を想定して備えよう

✓ 本書の使い方

本書は、感染症、風水害、地震、犯罪について、４つの展開で解説します。
PART5 の「お金とくらしのまもり方」については、
p118、119 に目的別のインデックスを設けていますのでご活用ください。

STEP 1 | 災害の全容

災害の種類と影響、被害を解説します。

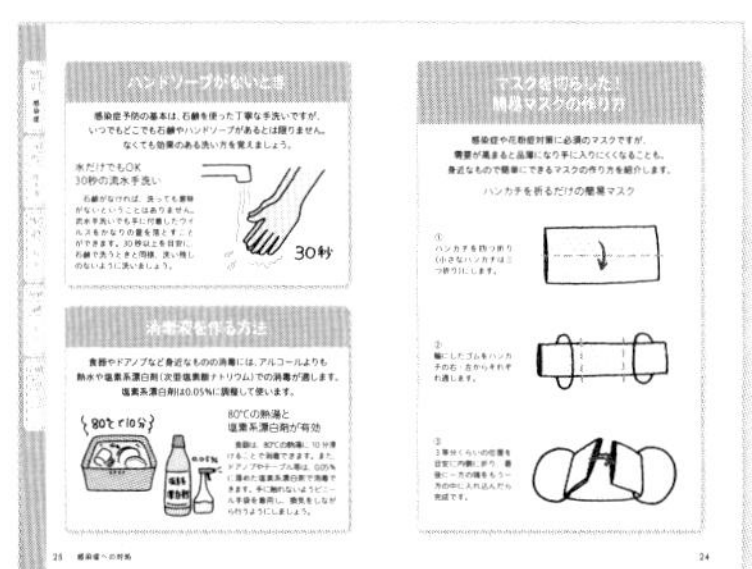

STEP 3 | 対処

感染症や、自然災害、犯罪が起こってからの対処法を目的別に紹介します。

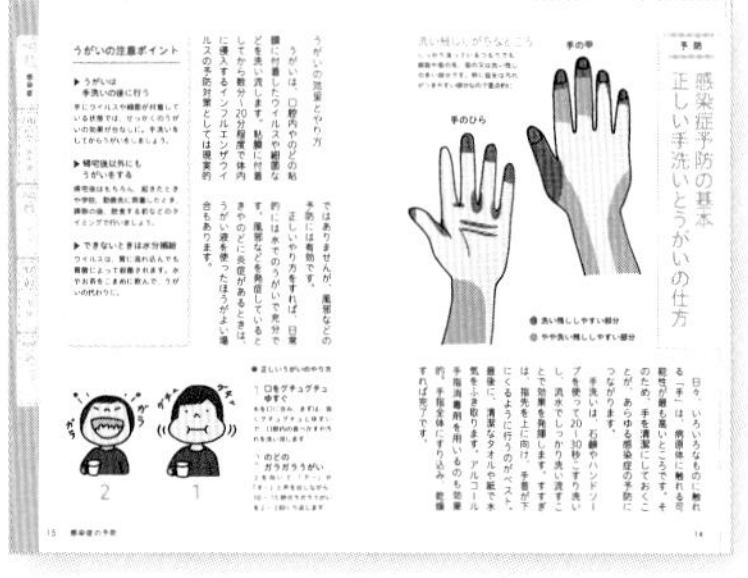

STEP 2 | 予防・そなえ

感染症や自然災害、犯罪が起こる前の予防策と知識や心得を紹介します。

STEP 4 | プロに聞く

各分野の専門家が、さまざまな疑問にお答えします。

PART 01

感染症が流行(はや)ったとき

正しい知識と衛生習慣で感染症にかからない対策を

病原体は常に身近に存在するものなので一年を通した対策が欠かせません。毎日の習慣から新型コロナウイルス対策まで正しい知識と行動で予防しましょう。

インフルエンザ

毎年流行する季節性と重症化する新型

冬になると流行する季節性インフルエンザは、抗体を持っている人であれば、風邪症状程度で治ります。抗体が充分でない人は、ぞくぞく感や高熱、筋肉痛など全身性の症状が現れます。一般的には1週間～10日で回復しますが、肺炎などの重い

●感染症が成立する3つの要因

②感染経路

空気感染	飛沫感染	接触感染
空気中に浮遊する飛沫核を吸い込むことによる感染。飛沫と異なり飛沫核は軽いため、空気中に長時間浮遊します	咳やくしゃみによって放出された病原体を直接吸い込むことによって起こる感染。飛沫の到達範囲は1～2m	皮膚や粘膜の接触による感染。汚染されたものを触った手指で粘膜に接触、汚染された水や食品を摂取することで生じます

症状になる人もいます。

　一方、新型インフルエンザは、ほとんどの人が抗体を持っていないため重症化する人が多く、パンデミック（世界的大流行）が発生することもあります。

　インフルエンザの検査は、発症直後では陽性になりにくく、受診に適したタイミングは発熱後12～24時間です。

ウイルス性肝炎

日本人に多いB型とC型

　肝炎とは肝臓に起こる炎症のことで、肝炎ウイルスにはA型、B型、C型、D型、E型があります。日本人に多いのはB型とC型で、近年はE型も増加しています。

　B型肝炎の多くは無症状ですが、10～20％の人は慢性肝炎となり治療が必要です。C型肝炎は、慢性化する確率が高く、肝がんの原因の約8割になっています。

食中毒

O157（オー）とアニサキスに要注意

　食中毒は9割以上が細菌とウイルスによるものですが、近年は、寄生虫によるものも増加しています。魚介類が原因の寄生虫症で日本で最も多く発生しているアニサキスは、60℃で1分以上加熱か、マイナス20℃で24時間以上の冷凍で予防できます。

　腸管出血性大腸菌O157は、激しい腹痛や血の混じった下痢便があります。肉の生食を避け充分加熱しましょう。

感染症予防の基本
正しい手洗いとうがいの仕方

日々、いろいろなものに触れる「手」は、病原体に触れる可能性が最も高いところです。そのため、手を清潔にしておくことが、あらゆる感染症の予防につながります。

手洗いは、石鹸やハンドソープを使って20〜30秒こすり洗いし、流水でしっかり洗い流すことで効果を発揮します。すすぎは、指先を上に向け、手首が下にくるように行うのがベスト。最後に、清潔なタオルや紙で水気をふき取ります。アルコール手指消毒剤を用いるのも効果的。手指全体にすり込み、乾燥すれば完了です。

洗い残ししがちなところ

しっかり洗っているつもりでも、親指や指の先、指の又は洗い残しの多い部分です。特に指先は汚れがつきやすい部分なので重点的に

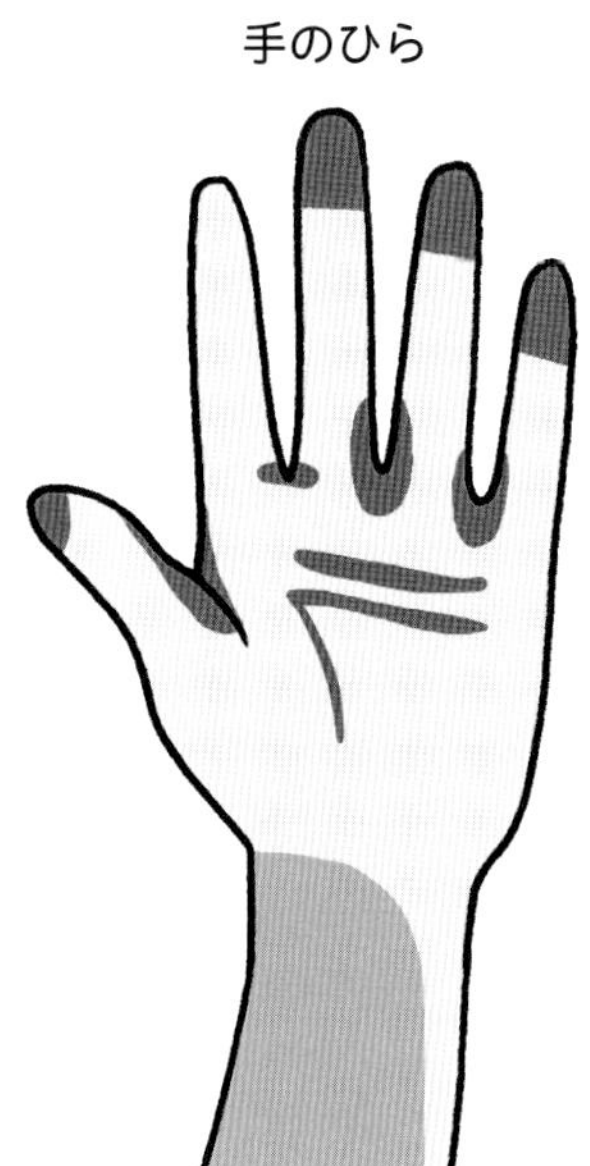

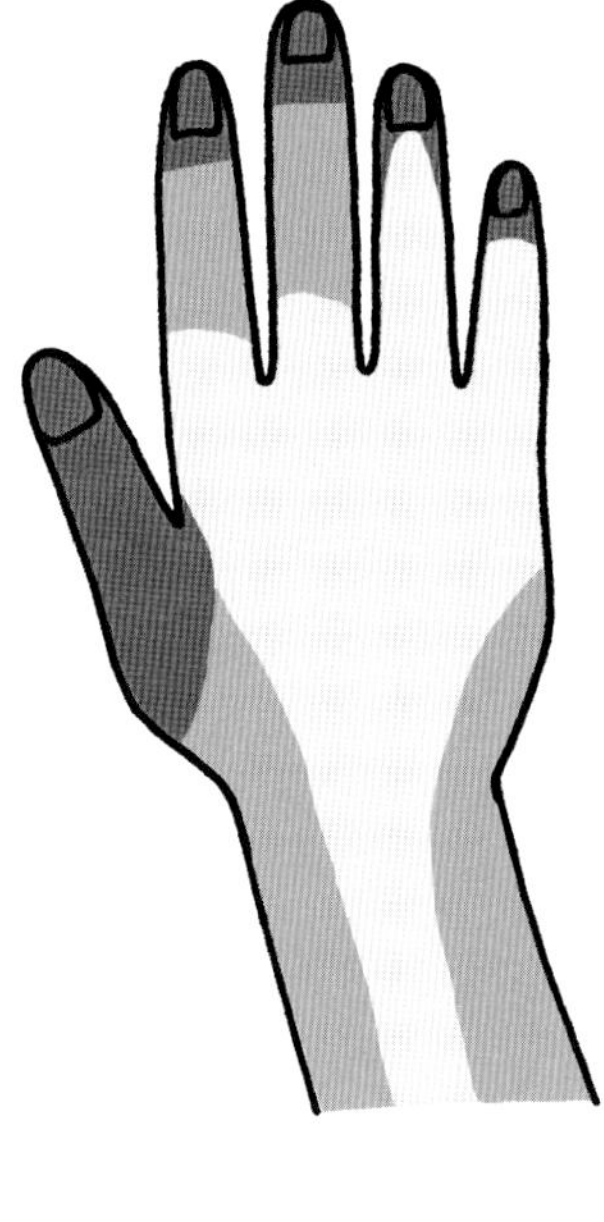

うがいの効果とやり方

うがいは、口腔内やのどの粘膜に付着したウイルスや細菌などを洗い流します。粘膜に付着してから数分~20分程度で体内に侵入するインフルエンザウイルスの予防対策としては現実的ではありませんが、風邪などの予防には有効です。

正しいやり方をすれば、日常的には水でのうがいで充分です。風邪などを発症しているときやのどに炎症があるときは、うがい液を使ったほうがよい場合もあります。

うがいの注意ポイント

▶ うがいは手洗いの後に行う

手にウイルスや細菌が付着している状態では、せっかくのうがいの効果が台なしに。手洗いをしてからうがいをしましょう。

▶ 帰宅後以外にもうがいをする

帰宅後はもちろん、起きたときや学校、勤務先に到着したとき、掃除の後、飲食する前などのタイミングで行いましょう。

▶ できないときは水分補給

ウイルスは、胃に流れ込んでも胃酸によって殺菌されます。水やお茶をこまめに飲んで、うがいの代わりに。

● 正しいうがいのやり方

1 口をグチュグチュゆすぐ

水を口に含み、まずは、強くグチュグチュとゆすいで、口腔内の食べかすや汚れを洗い流します

2 のどのガラガラうがい

上を向いて、「アー」や「オー」と声を出しながら、10～15秒ガラガラうがいを2～3回くり返します

効果的なマスクの着け方と咳エチケットを身につける

マスクは、病原体が侵入しやすい口と鼻を覆ってバリアの役割をしたり、粘膜の乾燥を防いだりする働きがあります。また、感染した人から咳やくしゃみで病原体が飛び出すことを防げるので、症状が出始めた人は早めにマスクを着けることで、他の人への感染の可能性を減らすことができます。

マスクは空気中に漂っているウイルスの吸入を完全に防ぐことはできませんが、手で直接口や鼻を触れなくなるというメリットもあります。

見た目にはわからなくても、マスクは長時間使用していると雑菌が繁殖します。使い捨ての不織布のマスクは、1日1枚を目安に替えましょう。マスクの表面にはウイルスや菌などが付着しています。外すときは、表面には触れずに、耳にかける部分を指でつまみましょう。外したマスクは放置せずにすぐに捨てて、手洗いもお忘れなく。

正しいマスクの着け方

- 鼻の形に合わせて、ワイヤーを折り曲げる
- プリーツの溝が下にくるように着ける
- あごまですっぽり包み込む
- 顔とマスクの間に隙間ができないようにおさえる

NGな使い方

× サイズが合っていない
× マスクをあごにかける
× 鼻が出ている

他の人に感染させないために

マスクを着けずに咳やくしゃみをすると、目に見えない小さなしぶきが約2mの範囲に飛び散ります。飛沫感染を防ぐために推奨されているのが「咳エチケット」です。

咳やくしゃみが続くときはマスクを着用。マスクがないときは、ティッシュやハンカチ、袖の内側を使って口や鼻をおさえ、周りにいる人にしぶきが飛ばないようにします。咳やくしゃみに使ったティッシュは、すぐに捨てましょう。

基本の咳エチケット

1 咳やくしゃみが続くときはマスクを着用する

2 咳やくしゃみをするときは、ティッシュやハンカチで口や鼻を覆う

3 とっさの咳やくしゃみは、上着や袖の内側で覆う

NG なこと
× 何もせずに咳やくしゃみをする
× 咳やくしゃみを手でおさえる

クシャン

口や鼻、目を触らない！

ウイルスが付着した手で、口や鼻、目をこすった場合、粘膜からウイルスが体内に侵入し、接触感染を起こす可能性があります。また、感染者のくしゃみや咳によって飛んだ飛沫が、目や口などの粘膜に直接侵入し飛沫感染することも。オーストラリア・ニューサウスウェールズ大学が 2015 年に発表した実験によると、被験者は、平均して 1 時間に 23 回も顔に触れていることがわかっています。口や鼻、目を触るのが癖になっている人は、日頃から特に意識して、触れないように注意しましょう。

予防

食事・運動・睡眠を見直して免疫力が上がる体を作る

私たちの身の周りには、さまざまなウイルスや細菌が存在していますが、それでも病気にならないのは、それらの有害物質から体を守る免疫機能があるからです。免疫力が低下すると、感染症にかかりやすくなるだけでなく、他の病気を発症するリスクも高まってしまいます。

免疫力は、加齢や生活習慣の乱れ、ストレスなどによって低下するといわれています。生活習慣の見直しは、まずは毎日の食事から始めましょう。免疫系の細胞の60～70％は、腸にあるとされています。腸内環境を改善し、その働きを活発にすることで免疫力が高まるのです。良質なタンパク質やビタミン、ミネラルなどを含む栄養バランスのよい食事をとりましょう。納豆や味噌、漬物などの発酵食品や、食物繊維、ビタミン、ミネラルを豊富に含む玄米、きのこ類が特におすすめ。食事は一時的なものではなく続けることが大切です。

適度な運動をする

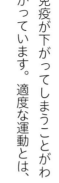

免疫力を高めるためには、適度な運動も欠かせません。筋肉を動かすことで血行がよくなるとともに、溜まった疲労物質を運動によって取り除くことができます。しかし、体によいはずの運動も、過度にやりすぎると免疫が下がってしまうことがわかっています。適度な運動とは、自分が「気持ちよいな」と感じる程度の運動のこと。ウォーキングやラジオ体操、柔軟体操など、心地よく体を動かせる習慣を身につけましょう。

睡眠不足は感染率を上げる

睡眠中は、成長ホルモンなど代謝や免疫を高める機能にかかわるホルモンが大量に分泌され、回復を早めようとします。睡眠不足だと、ウイルスの感染率が3倍になるという研究があります。睡眠不足は免疫の低下だけでなく、予防接種の効果が半減するという報告もあります。

食事・運動・睡眠以外で有効な習慣

強いストレスにさらされると自律神経の働きが乱れ、免疫機能が正常に働きません。ストレスを溜め込まないようにするためには、リラックスできる環境作りが大切です。笑うと副交感神経が優位に働き、免疫を司る細胞が活性化されることがわかっています。作り笑いであっても、同じ効果が得られるそうです。

予防

部屋を換気、消毒して環境を清潔に保つ

感染症のリスクを減らすには、室内と室外の空気を入れ替える「換気」をして、空気中にあるウイルスなどの汚染物質を外へ出したり、薄めたりすることも大切です。新型コロナウイルスの感染予防対策にも、充分な換気が推奨されています。

現在の住宅の多くは気密性が高く、換気をしないと汚染物質で汚れた空気が溜まったままになってしまいます。換気のポイントは、窓を開けて空気の通り道を作ることと、台所の換気扇を活用することです。24時間換気システムが設置されている場合は、きちんと使用しましょう。

空気の通り道をつくる

対角にある窓を開け、風が通る道を作ることで効率的な換気になります。家全体を換気したい場合も同じ考え方です

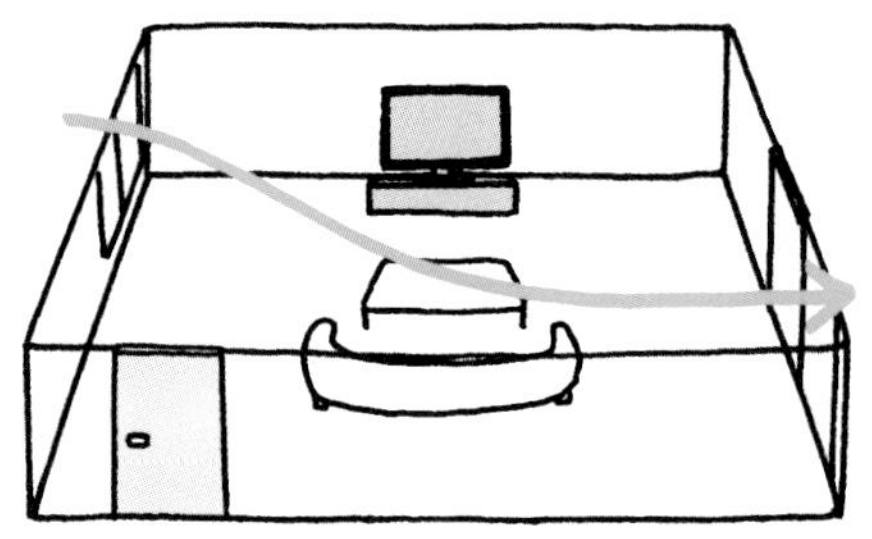

窓がひとつしかない場合

部屋のドアを開け、扇風機を窓の外に向けて空気を室外に流します。扇風機を室内に向けると部屋の空気が外に出ません

エアコンは、部屋の中の空気を温めたり冷やしたりするもので、換気にはなっていません。

消毒するべき場所

家庭では、手の触れる機会の多い場所を清掃、消毒することも感染予防になります。消毒には消毒用アルコールと次亜塩素酸ナトリウムなどが有効です。よく手が触れる、ドアノブやスイッチ、テーブル、椅子、エレベーターのボタンなどを消毒して予防に努めましょう。

●人の手がよく触れる箇所

ドアノブ

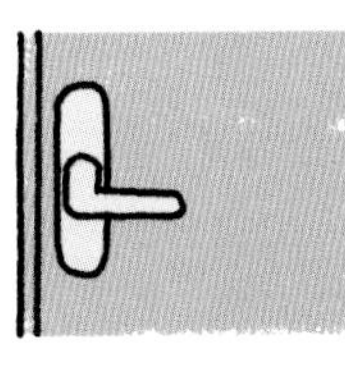

スイッチ

テーブル
いす

エレベーターのボタン

インフルエンザワクチンの考え方

毎年流行するインフルエンザのワクチンは、効果を感じにくいこともありますが、予防効果があります。またワクチンを接種すると、インフルエンザにかかったとしても重症化を防ぐことができます。特に、インフルエンザにかかると重症化するリスクの高い、妊婦さんや高齢者、免疫不全症の方などは、早めのワクチン接種が推奨されています。このような重症化しやすい人と同居している人も、インフルエンザをうつすリスクを下げるため、ワクチンの接種がすすめられています。

予防

新型コロナの流行で行われた日本の対策

世界中で猛威を振るっている新型コロナウイルスは、2019年末以降から世界で感染が拡大。これにともない、国内では2020年1月30日に新型コロナウイルス感染症対策本部が設置され、3月下旬に感染者数が急増し、まん延の恐れが高まったことから、3月26日に、政府対策本部として指定されました。

感染者数を抑え、感染拡大による医療崩壊を起こさないために、まず提唱されたのが、「3つの密」を避けること。これは、①換気の悪い密閉空間、②多数の人が集まる密集場所、③間近で会話や発声をする密接場面、という「三密」を避ける新しい生活習慣でした。

そして、やむを得ない状況の場合には、マスクを装着し、大声での会話や手が触れ合う距離での人との会話は避けること、咳エチケットと手洗いの習慣化、室内においては充分な換気が推奨されました。

● クラスターが発生しやすい条件

新型コロナウイルスは、特定の人から多くの人に感染が広がったクラスター（集団感染）が発生。このクラスターを食い止めることが感染拡大の鍵に。3つの密が重なる場面がもっともクラスターが発生しやすい状態です

人との接触「8割減」の根拠は？

新型コロナの基本再生産数（1人の感染者がうつす平均人数）を2.5と想定。収束には基本再生産数が1未満になる必要があり、人との接触が6割以上削減されると1未満となります。早期収束を目指し、また日本では接触制限が要請ベースなことなどを考慮して、8割と設定されました。

日本全国で緊急事態措置を実施

感染経路が特定できない症例が多数に上り、急速な増加が確認されたことや、肺炎の発生頻度が季節性インフルエンザにかかった場合に比べ相当程度高まったことから、4月7日、新型コロナウイルス感染症対策本部は、「緊急事態宣言」を行いました。不要不急の外出自粛や学校の休校、施設や店舗の使用制限などを要請。人との接触を8割減らし、感染経路が見えない感染者からの感染を減らす対策がとられました。これは、10万人に1人の感染者がいた場合、感染が始まって20日目には新たな感染者が1日約500人に、ただし20日目から人との接触を8割減らすと35日目頃には新たな感染者数は100人程度になり、徐々に感染者が減っていく、という試算によるもの。

当初、緊急事態措置は4月7日から5月6日まで、埼玉県、千葉県、東京都、茨城県、石川県、岐阜県、愛知県、京都府でしたが、のちに全都道府県に拡大。5月25日までに全国で解除されました。

マスクを切らした！
簡易マスクの作り方

感染症や花粉症対策に必須のマスクですが、
需要が高まると品薄になり手に入りにくくなることも。
身近なもので簡単にできるマスクの作り方を紹介します。

ハンカチを折るだけの簡易マスク

①
ハンカチを四つ折り（小さなハンカチは三つ折り）にします。

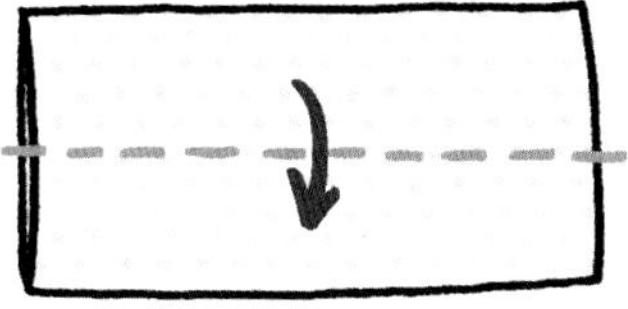

②
輪にしたゴムをハンカチの右・左からそれぞれ通します。

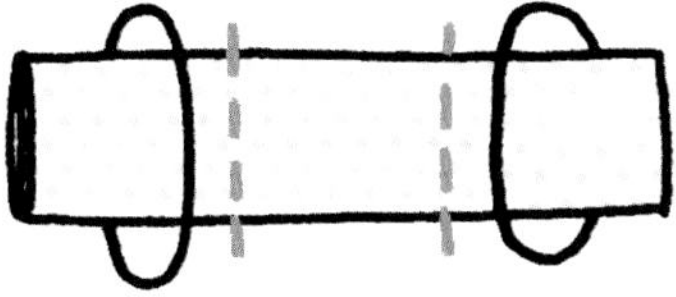

③
３等分くらいの位置を目安に内側に折り、最後に一方の端をもう一方の中に入れ込んだら完成です。

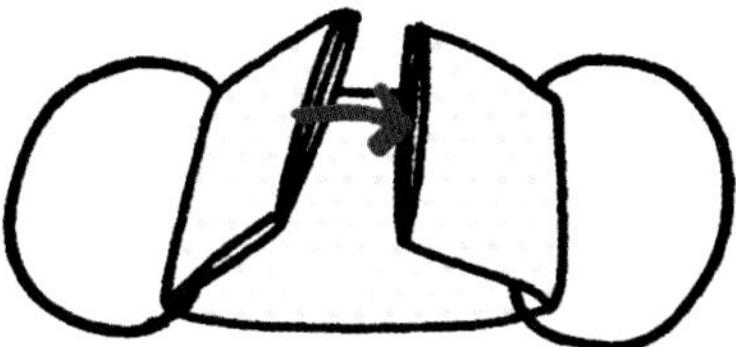

ハンドソープがないとき

感染症予防の基本は、石鹸を使った丁寧な手洗いですが、いつでもどこでも石鹸やハンドソープがあるとは限りません。なくても効果のある洗い方を覚えましょう。

水だけでもOK 30秒の流水手洗い

石鹸がなければ、洗っても意味がないということはありません。流水手洗いでも手に付着したウイルスをかなりの量を落とすことができます。30秒以上を目安に、石鹸で洗うときと同様、洗い残しのないように洗いましょう。

消毒液を作る方法

食器やドアノブなど身近なものの消毒には、アルコールよりも熱水や塩素系漂白剤（次亜塩素酸ナトリウム）での消毒が適します。塩素系漂白剤は0.05%に調整して使います。

80℃の熱湯と塩素系漂白剤が有効

食器は、80℃の熱湯に10分浸けることで消毒できます。また、ドアノブやテーブル等は、0.05%に薄めた塩素系漂白剤で消毒できます。手に触れないようビニール手袋を着用し、換気をしながら行うようにしましょう。

風邪気味だけど電車に乗らないといけないとき

初期の風邪は、こじらせてしまう前に、充分な睡眠、
栄養・水分補給、うがい手洗いをしっかりして
早めの対処で治すのがベスト。それでも通勤や通学などで
電車に乗らないといけないときもありますよね。

マスクを着けて他の人にうつさないようにする

WHOは、5分間の会話で1回の咳と同じくらいの約3000個の飛沫が飛ぶと報告しています。誰かに風邪をうつしてしまわないために、密閉状態で人が密集・密接する電車などの空間ではマスクを着用し、会話は慎みましょう。

PART 01 感染症
PART 02 風水害
PART 03 地震
PART 04 犯罪
PART 05 お金とくらし

感染症が流行したときの対処法

新型コロナウイルス感染症で注目された、
避けるべき「3つの密」。
感染拡大を防ぎ、集団感染が起こらないようにするための
行動として推奨されています。

密閉・密集・密接を避けて行動する

密閉空間にならないように１時間に２回以上の換気、密集しないように人との距離を２m以上とる、密接した対面などでの会話が避けられない場合は充分な距離を保ちマスクを着用しましょう。屋外でも密集・密接に注意し、人混みを避け、大声で話さないようにします。

食中毒になったときに家でできる対処法

O157やノロウイルス、アニサキスなど、
食中毒は原因によって症状や潜伏期間はさまざまです。
食虫毒にかかってしまったら、
まずは症状をみて応急処置をしましょう。

ちょこちょこ飲みでしっかり水分補給

軽い吐き気や便がゆるいという症状の場合、しっかり水分をとり様子を見ましょう。腸が弱っていてうまく水分の補給ができないので、ちょこちょこ飲みに。下痢止め薬は、病原菌を腸に留まらせ回復を遅らせるので、食中毒では服用してはいけません。

食中毒、病院に行くべきか判断の仕方

家で安静にし、しっかり水分補給することで
食中毒が治る場合もありますが、
症状や人によっては、
すぐに病院を受診したほうがよい場合もあります。

重症化しやすい人 ››› 乳幼児、妊婦さん、高齢者

症状と重症化の危険性で受診

激しい痛みや下痢、嘔吐が続く、尿が少ない、血便が出る場合は、すみやかにお医者さんに診てもらいましょう。重症化しやすい乳幼児や高齢者、妊婦さん、病み上がりで免疫力が落ちている人は、食中毒が疑われる時点で病院を受診してください。

家族が新型コロナウイルスに感染したときの対処法

新型コロナウイルスの感染が疑われる人が自宅療養するさいは、
家族に感染を広げないために、
部屋の使い方や掃除、洗濯の仕方、トイレの使い方など
注意が必要になります。

部屋を分ける

本人は極力部屋から出ないようにし、食事や就寝も家族と別室に。スペースがない場合は、２m以上距離を保ち、寝るときは頭の位置を互い違いになるようにしましょう。

全員がマスクを着ける

看護する人だけでなく、同居者全員がマスクを着用します。

お世話する人を決める

感染した人との接触を最小限にするため、お世話をする人は一人に決めて看護しましょう。

定期的に換気する

共有の部屋の窓も開け放ちにするなどして、定期的に換気しましょう。

こまめに手洗い

石鹸を使ってこまめに手洗いし、アルコールで消毒しましょう。

熱湯消毒して洗濯

衣類やタオルの洗濯は健康な人と分けて洗濯する必要はありません。ただし、嘔吐や下痢で汚れてしまった場合は、80℃以上の熱湯に10分以上浸けて消毒してから洗濯します。

共用部分を消毒する

ドアノブなどの共用部分は塩素系漂白剤（次亜塩素酸ナトリウム）で消毒後、水拭きします。トイレや洗面所は家庭用洗剤で洗い、家庭用消毒剤でこまめに消毒しましょう。

ゴミは密閉して捨てる

掃除をするときは、手袋とマスク着用。鼻をかんだティッシュは、ビニール袋に入れ、しっかり密閉して捨てます。

同居する人も毎日検温し、
健康状態を観察します

子どもが三大夏風邪になったときの対処法

小さな子どもがかかりやすいヘルパンギーナ、
プール熱、手足口病は、重症化することはまれですが、
特効薬がないため、安静を保って
自然治癒を待つしかない感染症です。

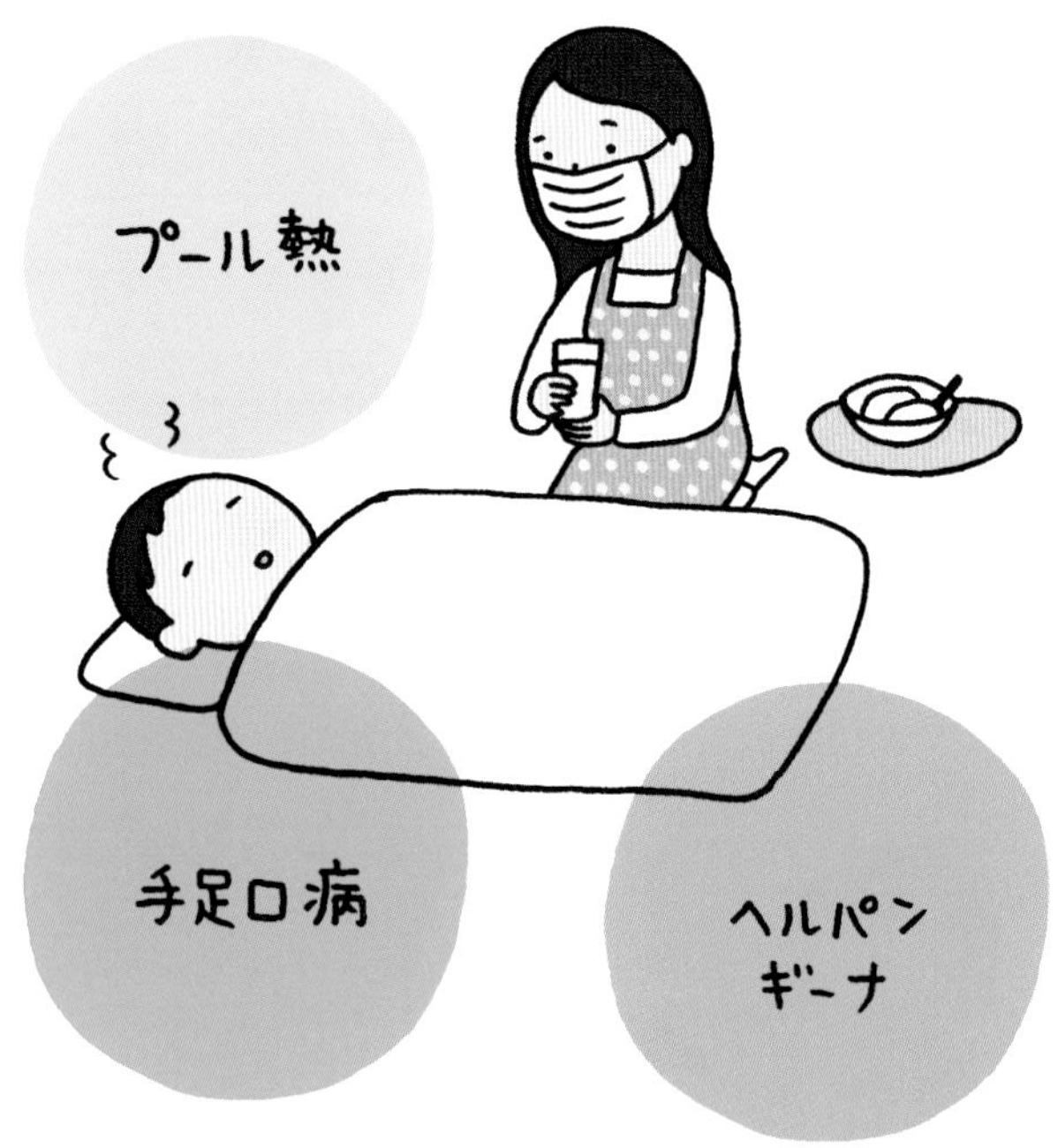

脱水症と二次感染に注意する

のどの痛みが出て、食事や水分がとりにくくなるため、脱水症になることも。やわらかい食べ物を与え、こまめに水分をとらせましょう。症状が治っても便から出たウイルスで二次感染することがあるので、オムツ替えやトイレは特に気をつけて。トイレ後の手洗いは念入りに。

海外で感染症にかかったときの対処法

渡航した国や地域によって違いはありますが、
感染症にかかった人の多くは下痢になります。
下痢の間、最も効果のある対処法は、
何より充分な水分補給です。

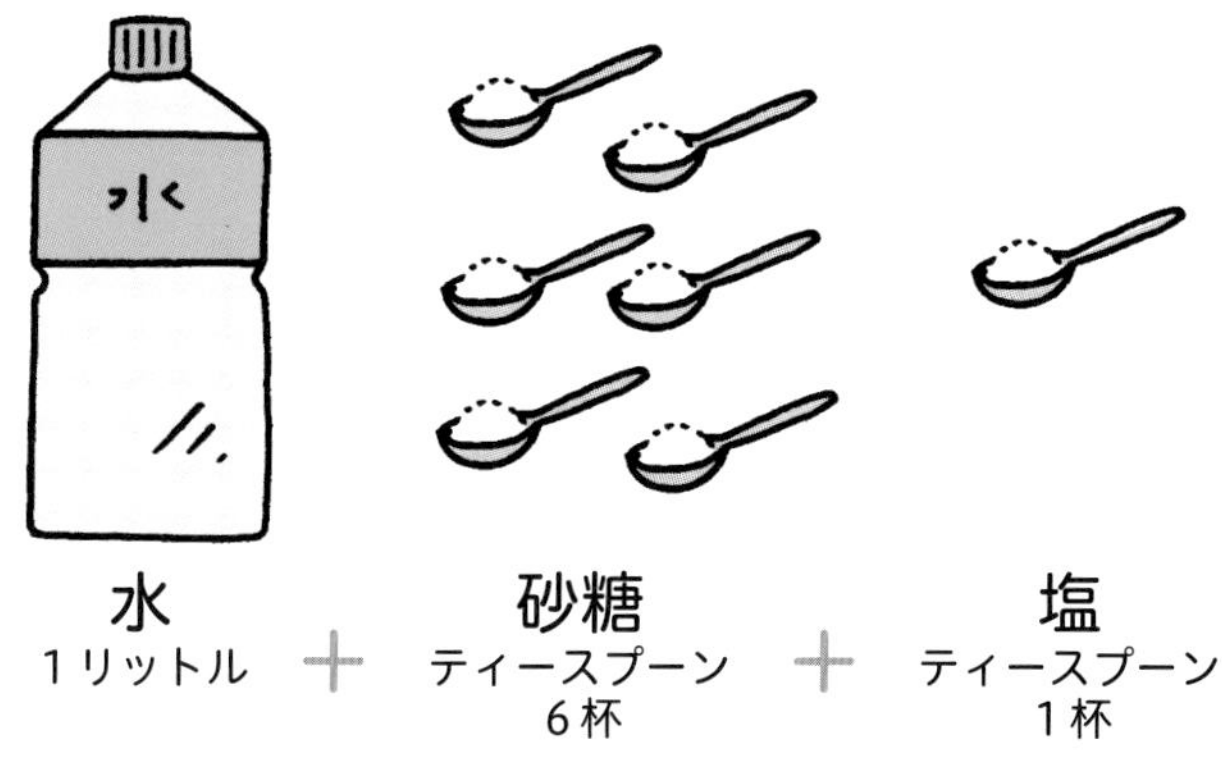

水
1リットル ＋ 砂糖
ティースプーン
6杯 ＋ 塩
ティースプーン
1杯

経口補水液の代用品

飲み水として最適なのは、経口補水液（ORS）で、ほとんどの国では薬局などで入手できます。水と砂糖、塩があれば代用品を作れます

水分をとって下痢を緩和する

激しい下痢におそわれるコレラであっても、充分な水分や電解質がとれる限りは、対処が可能といわれています。感染による下痢の多くは細菌が原因です。細菌による下痢なら抗生物質が有効な場合もあります。下痢止めは、排便を止めるもので、下痢を治すものではありません。

感染症のプロに聞く

PROFILE

国立国際医療研究センター
国際感染症センター医師
忽那（くつな） 賢志（さとし）さん

新興再興感染症を専門にしており、現在は新型コロナウイルス感染症の診療の最前線で日々戦っている。

Q 実践されている感染症予防の習慣を教えてください。

A 特別なことはしていません。こまめな手洗いをすること。特に人がよく触るようなドアノブや手すりなどを触った後には、すぐに手を洗うようにしています。咳エチケットも徹底。感染症にかからない体づくりには、やはり規則正しい食事と充分な睡眠をとることが大切です。

Q 災害が起こった後の感染症対策はありますか？

A 災害後は特定の感染症が流行することがあります。特に水害にあった地域や避難所では注意が必要です。手洗いや咳エチケットを心がけ、食事は可能な限り加熱し、安心して飲める水だけを飲用に。おむつは所定の場所に捨てます。周りに同じ症状の人が増えた場合は医師などに相談しましょう。

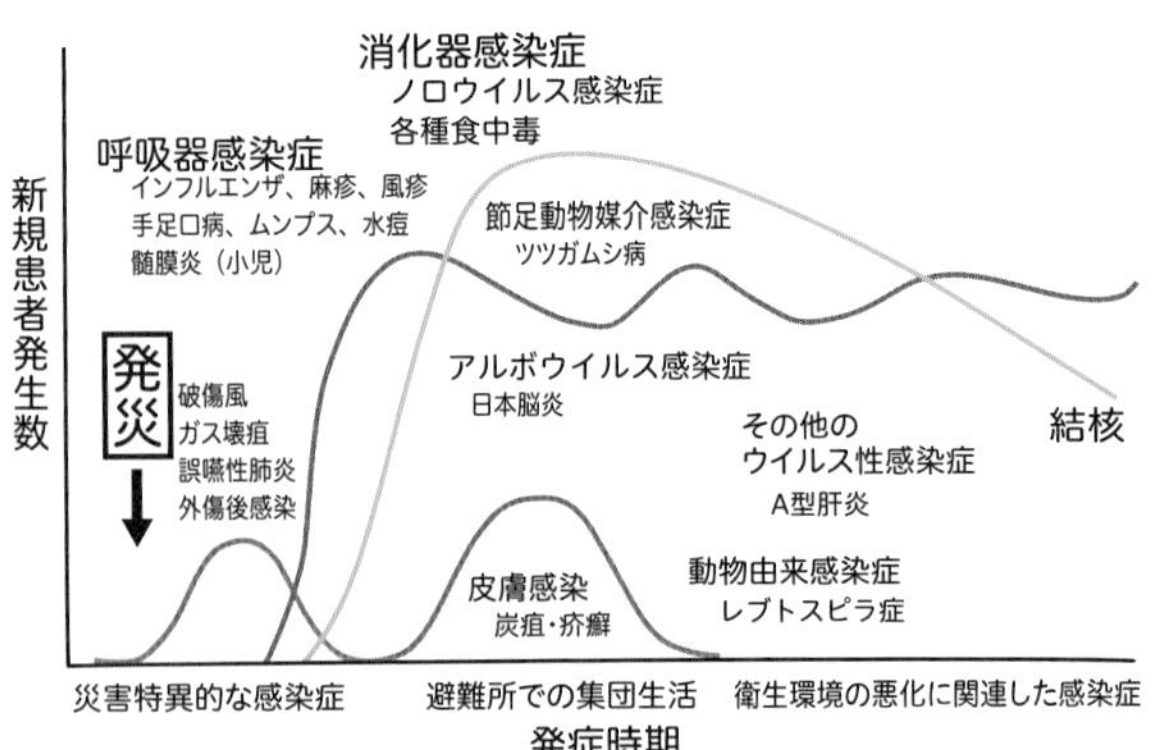

Q これから注意すべき感染症はありますか？

A ２０１９年にはしかが流行しました。その多くは接種歴なしやワクチン接種歴不明、１回接種の方でした。もしもご自身のワクチン接種状況がわからない、あるいは不充分だった場合は、合計2回になるようにワクチンの接種を。ワクチンには、自分だけでなく、周りにいる人を守る集団免疫の効果もあります。

デングウイルスは日本に常在していませんが、媒介する蚊が分布しているため、海外渡航歴がなくても、デング熱にかかるということが起こりえます。一度感染したことがある人が2回目に感染すると重症化する可能性が高いのでご注意ください。

アメリカでは年間3万人超が感染するライム病はシュルツェマダニから感染する病気です。日本で報告が多いのは北海道。本州では標高の高いところに分布しています。初期の遊走性紅斑という移動する皮疹が特徴。山や草むらに出かけるさいは、マダニに刺されないように、手袋や帽子をするなど、肌が露出しないようにしましょう。

●山や草むらでの野外活動でマダニにかまれないための服装

・肌の露出を少なくする
・足を完全に覆う靴を履く
・目視で発見しやすくするため、明るい色の服を着る

新型コロナウイルス感染症の経過

風邪症状
嗅覚・味覚障害

呼吸困難・咳・痰

人工呼吸管理など

発症〜1週間程度	1週間〜10日	10日以降
80% 軽症のまま治癒	**20%** 肺炎症状が増悪し入院	**5%** 約2-3%が致命的

1週間前後　10日前後

Q 新型コロナウイルス感染症と風邪やインフルエンザとの症状の違いを教えてください。

A 発熱や咳、のどの痛み、鼻水など風邪に似た症状で始まるのは同じです。インフルエンザは数日で快方に向かいますが、新型コロナウイルス感染症は、だらだら症状が続きます。1週間くらい風邪症状や嗅覚・味覚障害が続き、自然によくなる人もいます。症状が悪化する人は全体の20%で、発症から7〜10日目に悪くなる人が多く、肺炎になり呼吸状態が悪化します。

Q 新型コロナウイルスの感染性はいつまでありますか？

A 症状が出る前から発症初期が人にうつしやすく、発症2日前がピークです。つまり、PCR検査で陽性だからといって、感染性があるとはいえません。感染性があるかを推測するには、「ウイルスが培養できるか」によって判断します。ある研究では、発症から8日目までは生きたウイルスが培養されるが、9日目以降は培養されなかったとされており、発症から9日目以降は感染性はほとんどなくなるといえます。

Q 新型コロナの〝疑い〟がある患者はいつ復帰可能ですか？

A 日本渡航医学会などが示している、以下の条件が目安です。①発症後に少なくとも8日が経過している、②解熱薬剤を服用しない状態で、解熱後および症状消失後に少なくとも3日が経過している。

Q 緊急事態宣言の解除後、気をつけるべきことは？

A 日本で新型コロナが落ち着いたとしても、海外からの持ち込み例の増加や大規模なクラスターの発生が起こることがあれば、第2波の流行も起こりえます。ワクチンが開発されるなど、根本的な解決策が示されるまでは、新型コロナを意識した生活を続けていく必要があります。

具体的には、手洗いや咳エチケット、マスク着用、三密を避ける、ソーシャルディスタンスをとる、テレワークなどです。これは、コロナ禍で私たちが意識して行なっていた生活の仕方なので、無理なくできることではないでしょうか。

厚生労働省検疫所 FORTH

新型コロナウイルスが落ち着いて、海外に行く前または行った後に参考になるサイトです。厚生労働省検疫所のサイトなので正しい情報を得ることができます。

厚生労働省 感染症情報

感染症が流行しているときはデマの拡散も問題になります。確かな情報源から、正しい情報を受け取ることが大切です。首相官邸のサイトも確認しています。

 COLUMN 01

注意すべき基礎疾患

基礎疾患を持つ人は
1週間分の薬と
お薬手帳のコピーを必携

感染症流行時や災害時に、一段と注意が必要な基礎疾患があります。

- 心臓の病気
- 喘息（ぜんそく）や肺気腫などの肺の病気
- 糖尿病、高血圧、腎臓の病気で透析を受けている
- 免疫抑制剤や抗がん剤等を使用している

などです。

このような病がある方は、感染症にかかると重症化したり、合併症を起こしたりする可能性が高くなります。感染症流行時には、人ごみを避ける、ワクチンを接種しておくなどの対策を、念入りに行う必要があります。

また、災害時には、継続した薬の服用や治療ができなくなることがあり、病状が急激に悪化しやすくなってしまいます。日ごろから被災時のことをかかりつけ医と相談し、1週間分ほどのお薬を余分にもらっておきましょう。薬は、密閉袋に入れてお薬手帳のコピーと一緒に緊急避難袋かいつも使うカバンに入れておきます。保管する環境と使用期限には注意してください。

また、避難時に、携帯電話を持って出る方がほとんどですので、普段から薬の写真・お薬手帳の中身を携帯で撮影しておくのもおすすめです。薬名と量がわかるように撮影してください。お薬手帳はアプリもあります。

PART 02

風水害にあったとき

自然災害の多い日本でも事前対策ができる風水害

毎年のように重大な風水害が発生していますが、台風は地震と違い予測可能。地域の災害リスクを把握して、命を守るための早めの対策を立てましょう。

水害

被害範囲に特徴がある外水氾濫と内水氾濫

熱帯低気圧のうち、北太平洋または南シナ海に存在し、最大風速がおよそ17m/s以上に発達したものを台風といいます。

集中豪雨は、限られた地域に数時間にわたり強く降る雨のことで、100㎜から数百㎜の雨量をもたらします。急に強く降り、短時間に狭い範囲で数十㎜程度の雨量をもたらす雨を局地的大雨といいます。ゲリラ豪雨は正式な気象用語ではありませんが、一般に局地的大雨と同じような意味で使われています。

河川の堤防から水があふれたり、破堤したりして、家屋や田畑が浸水することを外水氾濫といい、広範囲に甚大な被害をもたらします。雨が排水処理されず、家屋の浸水や道路の冠水を起こす内水氾濫は、外水氾濫よりも規模は小さいですが、都市部を中心にいたるところで発生するという特徴があります。

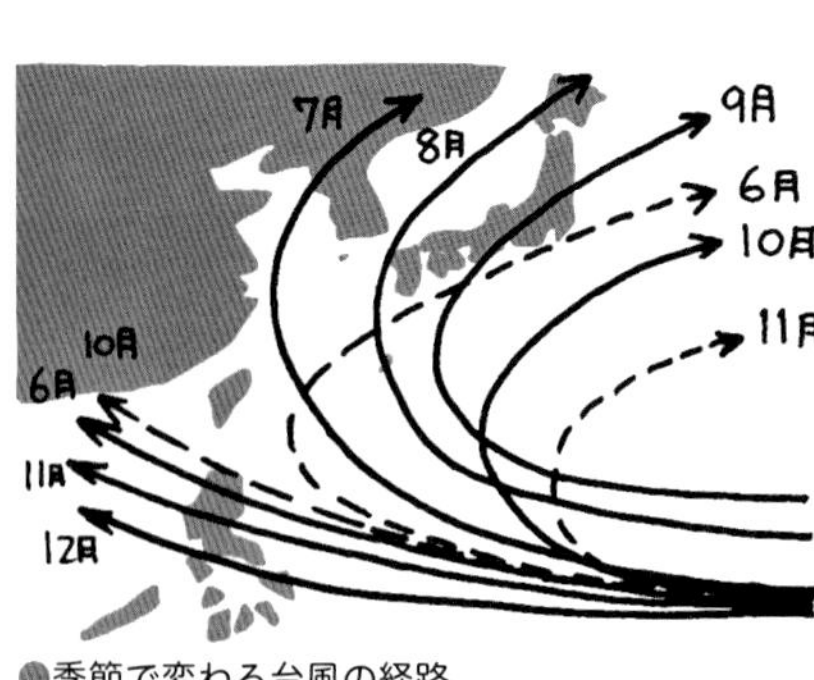

●季節で変わる台風の経路

台風は季節によって発生する場所や経路が異なります。実線は主な経路、点線はその次に多い経路です

風害

交通障害や停電を引き起こす

強風や竜巻で交通機関に障害が出て運休になったり、送電施設に影響を及ぼし停電が発生したりすることがあります。飛来物による二次災害も頻発します。

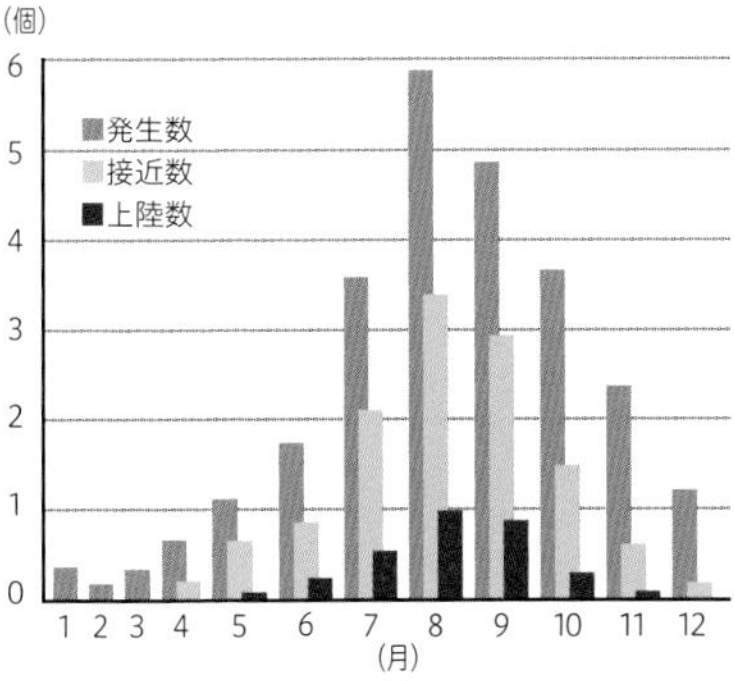

(個)
■発生数
■接近数
■上陸数
(月)

月別の台風発生・接近・上陸数の平年値(1981～2010年の30年平均)

土砂災害

斜面が崩壊する崖崩れ

大雨が続き、地中にしみ込んだ大量の水によって斜面が崩れ落ちる崖崩れは、土砂災害の中で最も発生件数の多い災害です。土石流は急な川や沢で発生しやすく、大量の土砂や岩石を運んできます。地面がひび割れ動き出す地すべりは、広範囲に及ぶことが多く、ゆるやかな斜面でも起こります。

飛来物に注意する

台風や強風のさいには、飛来物に注意が必要です。家の周りの吹き飛ばされそうなものは固定または移動しましょう

そなえ

災害リスクと家周りを確認して計画的な対策を

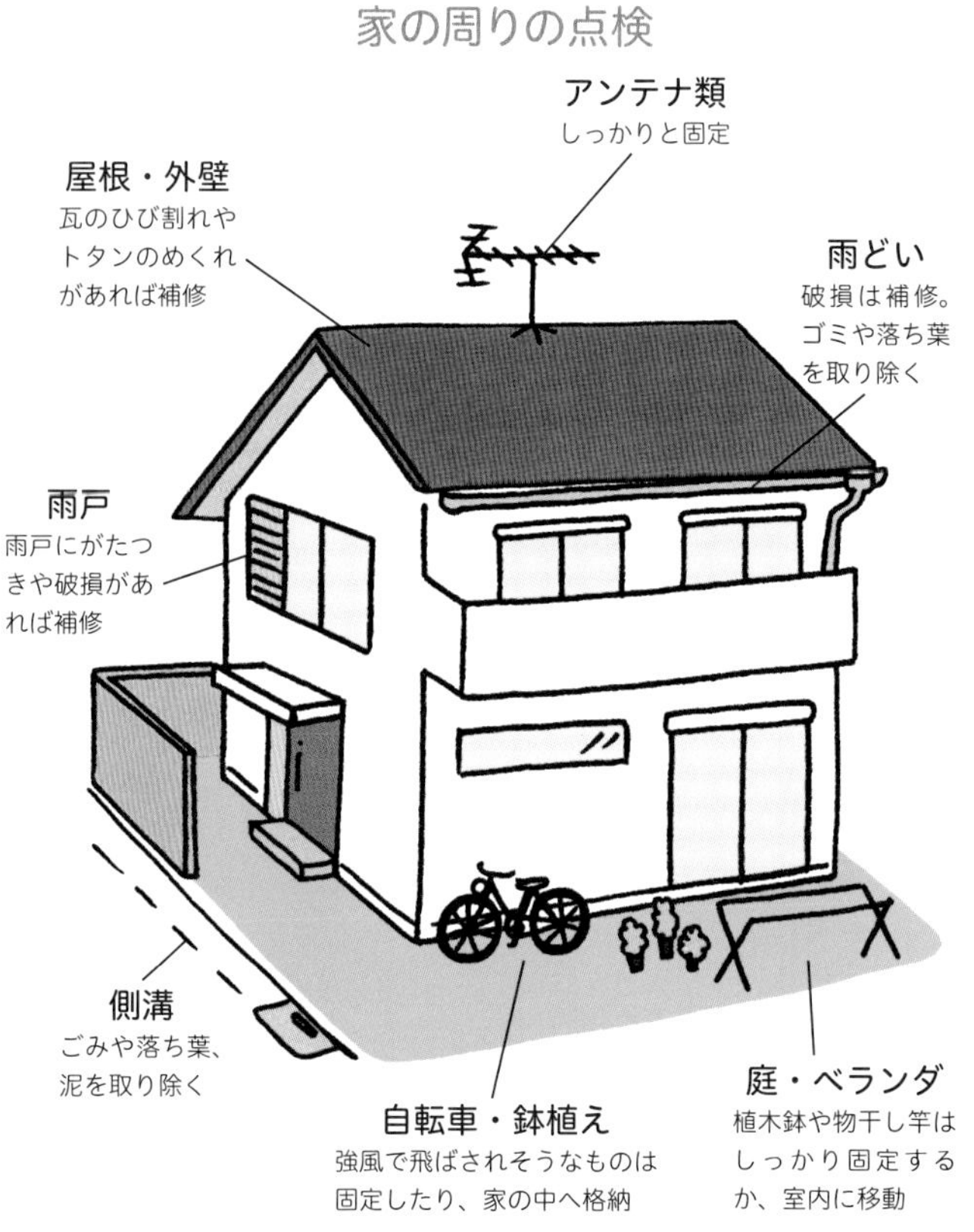

台風や集中豪雨は、予知の難しい地震と違い、事前にある程度予測できるものです。住んでいる町や職場、学校の周辺に、どんな災害リスクがあるかを把握しておけば、前もって対策を立てることができ、いざというときでも早めに行動することができます。

まずは、住んでいる地域のハザードマップを手に入れましょう。ハザードマップは、各自治体が公開していて、災害発生時に想定される被害の内容や範囲、避難場所などがまとめられています。74、75ページのハザードマップの解説をあわせてご確

家の周りの点検

アンテナ類
しっかりと固定
屋根・外壁
瓦のひび割れやトタンのめくれがあれば補修
雨どい
破損は補修。ゴミや落ち葉を取り除く
雨戸
雨戸にがたつきや破損があれば補修
側溝
ごみや落ち葉、泥を取り除く
自転車・鉢植え
強風で飛ばされそうなものは固定したり、家の中へ格納
庭・ベランダ
植木鉢や物干し竿はしっかり固定するか、室内に移動

認ください。

風水害にそなえた家の点検

台風や豪雨によって起こる風水害には、家の周りを点検しておくことも大切です。台風は、5日先までの進路と暴風域が予測できるようになりました。暴風雨が近づくと戸外に出るのも危険な状況になってくるので、早めに点検し、必要に応じて補修しておきます。

床上浸水が起こる地域は、貴重品など濡れては困るものは階上に移動、土のうや水のうを準備しましょう。

国土交通省ハザードマップポータルサイト

https://disaportal.gsi.go.jp/

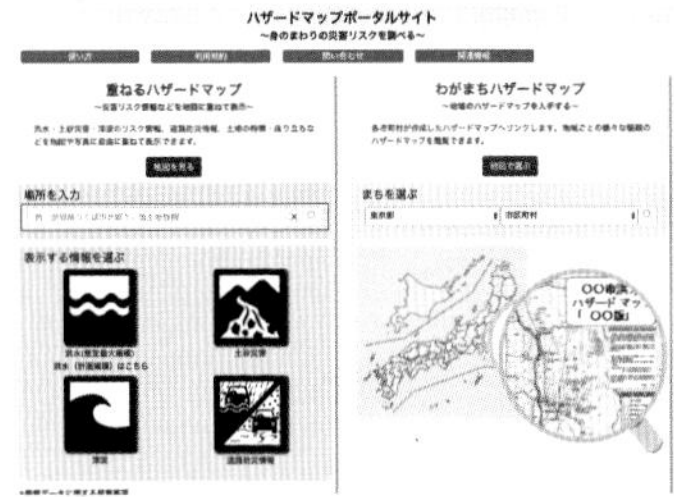

国土交通省のハザードマップポータルサイトでは、各自治体のハザードマップが確認できます。また、想定される最大規模の雨が降り河川が氾濫した場合に浸水が想定される区域の情報を公開しています。場所を入力すると、洪水・土砂災害・津波のリスク情報や、道路防災情報、土地の特徴などを確認することができます。

●ガラスの飛散を防ぐ対策

強風による飛散物でガラスが割れるとケガなど二次災害の危険性があります。雨戸やシャッターがない場合は、ガラス飛散防止フィルムを貼りましょう。窓ガラスが割れるようなことがあっても、破片が広範囲に飛び散ることを防げます。カーテンを閉めておくのも有効です

そなえ

台風や暴風雨で起こりやすい停電と断水に備えよう

激しい雨風で飛ばされた飛来物によって送電線が切れたり、土砂崩れなどによって電柱が倒れたりして設備が損傷することで停電が起こります。また落雷によって電柱の変圧器を守るヒューズが故障してしまうこともあります。

原因が取り除かれるまでは停電が続き、復旧までに長い時間がかかることもあります。在宅避難する場合は、停電時の暗闇対策が必須です。灯りを確保するとともに、3日分の非常食と水、自家発電できるラジオ、乾電池、モバイルバッテリーも忘れずに備えましょう。

停電の備えに用意しておきたいもの

自家発電ラジオ

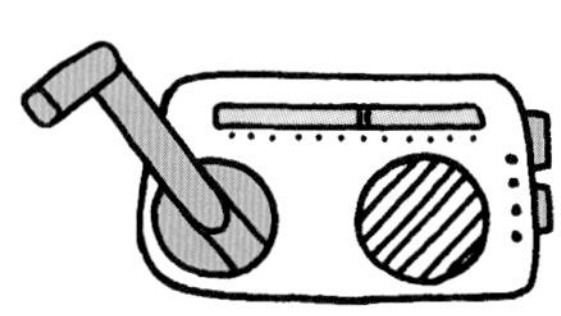

3日分の食料と水

乾電池

乾電池式スマホ充電器

LEDランタン

LED懐中電灯

停電が断水を引き起こす

水道にかかわる設備は電気で動くため、停電になると水の供給もストップしてしまい、断水になります。

特にマンションにお住まいの場合、注意しなくてはいけないのは、停電が起こると断水になる確率が高いということです。多くのマンションは、電力ポンプが作動して受水槽から給水する仕組みのため、停電が起こると同時に、断水にもなってしまいます。そのため、電気が復旧するまでは、水の対策も必要になります。

便座を上げて
ポリ袋をセット、
中にペットシートを
入れてトイレにする方法も

●トイレ問題に備える

断水で困ることのひとつがトイレです。下水道が被災している場合、復旧するまでは、水を流すと逆流するため使用厳禁。簡易トイレが必須です。簡易トイレの代わりに、吸水性が高く防臭効果もあるペットシーツを災害時のトイレとして活用することもできます。P.85 もご参照ください

水の汲み置きをしよう

断水時は、水をいかに確保するかということが重要になります。人が1日に必要とする水は約3リットルとされています。備蓄する量は、3リットル×家族の人数×3日分が目安。災害時には、飲料水以外にもさまざまな生活用水が必要になります。ポリタンクやペットボトル、バケツ、鍋などに、水を汲み置いて備えましょう。給水所で水が供給されるさいにも容器が必要になります。

二重にしたポリ袋に給水し、リュックに入れて運ぶという方法もあります

そなえ

災害時の行動スケジュールと避難生活を想定する

家族でハザードマップの確認やマイ・タイムラインを作成して非常時に備えましょう

自宅から避難場所に行くことを想定した持ち物を準備します。非常用持ち出し袋は、両手が使えるよう必ずリュックサックにします。重すぎると、いざというときに運べません。避難時に持っていく物（71ページ参照）が揃ったら非常用持ち出し袋に入れて、実際に背負ってみましょう。

マイ・タイムラインを作る

洪水リスクを把握し、いざというときに慌てずに逃げる準備を整え、逃げ切れるタイミングで避難し始めることが大切です。3日後に台風直撃という予報が出たら、河川の氾濫や土砂災害、高潮を想定し、「マイ・タイムライン」で風水害に備えます。マイ・タイムラインは、避難に備えた行動を時系列に整理したもので、暮らす地域や家族構成によって一人ひとり異なります。洪水発生時の行動チェックリストとして、また避難判断のツールとして役立てましょう。

PART 01 感染症
PART 02 風水害
PART 03 地震
PART 04 犯罪
PART 05 お金とくらし

標準的なタイムライン

3日前
天気予報で台風の強さや進路、暴風域などを確認。家の周りを点検。非常時の持ち出し袋を準備

2日前
大雨注意報など、行政からの情報を確認。ハザードマップで避難先、避難ルートを確認。備蓄を確認し、足りないものや食料品を買い足す

1日前
気象情報と避難情報を確認。事前にできることは済ませる。すぐに避難できるようにする。水の汲み置きをする

半日前
水位と通行止め情報を確認。水位が上がってきたら、家の中の安全な場所で過ごす。避難用の服装に着替える

6時間前
大雨警報・河川の氾濫注意情報を確認。自宅外への避難を決めたら、ブレーカーを落とし、ガスの元栓を閉める。冠水前に高台へ避難。高齢者は早めに、移動は日中に行う

5時間前
土砂災害警戒情報
氾濫危険情報、避難勧告

3時間前
避難指示

被害発生　**特別警報**

平常時に風水害リスクを確認

自宅の浸水深は？

自宅の浸水継続時間は？

自宅は河川侵食のおそれのある区域？

避難場所は？

浸水域外の避難所／浸水域外の親戚、知人宅／近くの頑丈な建物／自宅の浸水しない場所（2階など）

マイ・タイムラインの作り方

さまざまな自治体がマイ・タイムラインの作成シートを提供しているので活用しましょう。子どものおむつや離乳食を買い足す、持病薬をもらいに病院に行くなど、家庭によってとるべき行動が異なります。標準的なタイムラインをベースに、それぞれがとるべき行動を想像して書き出し、マイ・タイムラインに落とし込みましょう。

そなえ

気象情報と避難情報から切迫度を把握する

災害発生の危険度ととるべき行動

警戒レベル5
すでに災害が発生している状況

警戒レベル4
全員避難

警戒レベル3
避難準備
時間を要する人は避難

警戒レベル2
避難行動の確認

警戒レベル1
心構えを高める

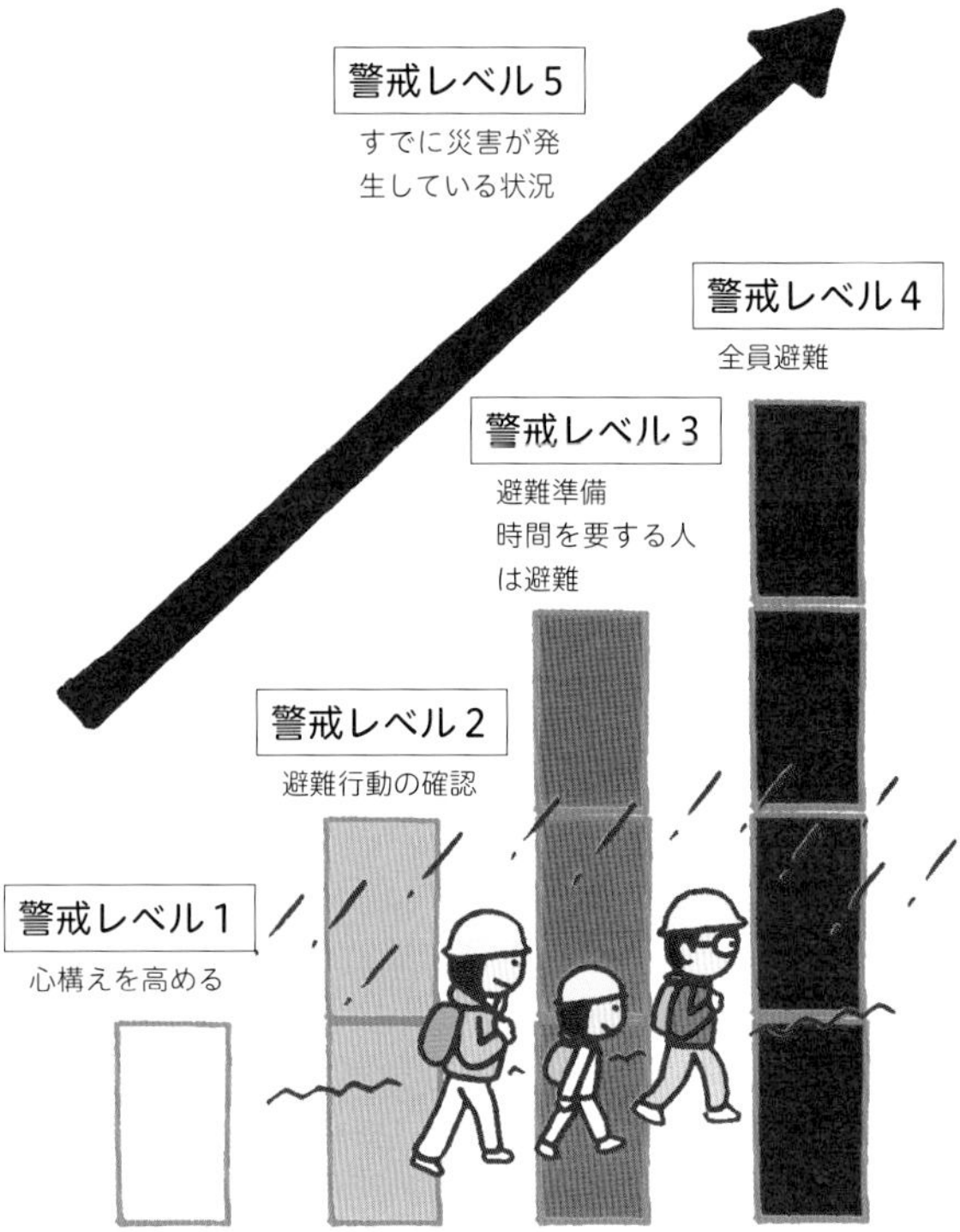

「警戒レベル」は、災害の危険度ととるべき行動を5段階で示したものです。警戒レベル3以上は、市町村から発令され、テレビやラジオ、インターネットの他、防災行政無線や広報車などで住民に伝達されます。

状況が急変することもあり、避難指示が出たときにはすでに災害が発生しているケースも少なからずあります。警戒レベルはあくまで目安と考え、避難するかどうかは早めの決断が重要です。子どもや高齢者など避難に時間がかかる人がいる家庭は、さらに早め早めの判断を心がけましょう。

家族との連絡方法

風水害が発生すると、被災地方面への電話はつながりにくくなります。メールやSNSでの連絡手段も有効ですが、避難中に携帯電話が水没したり紛失したりする可能性もあります。

事前に、「災害時用公衆電話（特設公衆電話）」の設置先を確認しておきましょう。災害時に無料で利用できる電話で、インターネットで検索できます。

また、「災害用伝言ダイヤル171」と「災害用伝言板（web171）」は、平時に体験利用日を設けているので、試しておくと利用時にスムーズです。

災害用伝言ダイヤル171を知っておこう

171へダイヤルし、ガイダンスにしたがって録音の場合は「1」、再生の場合は「2」を入力、次に電話番号を入力し、音声を録音または再生します。1伝言あたり30秒以内、伝言件数は20件まで。固定電話、携帯電話、PHS、IP電話いずれからも利用可能です。

災害用伝言（web171）
www.web171.jp
と連動しているので、インターネットでの確認もできます。どちらも電話番号の入力が必要なので、家族とやりとりする番号を決めておきましょう。

●三角連絡法で安否確認
被災者同士が連絡がとれなくても、被災地外の第三者を介して伝言を頼みます。中継地点になってくれる人は複数作っておき、優先順位を家族で共有しましょう

台風が近づいているとき
家の中にいたら

大型の台風が接近しているときや大雨が続いているときは、
不要不急の外出は控えます。
道路より家が低地の場合は、
1階も地下室と同じ状態にあると考えましょう。

地下室には入らず、2階以上にいる

浸水すると地下室は水圧で内側から扉が開けられなくなるので、台風や豪雨のときに地下室に入るのは厳禁。家の近くに傾斜地があり土砂崩れの危険性がある場合は、土砂で１階が埋もれる可能性があるので、２階以上の傾斜地から離れた、なるべく安全な部屋にいるようにしましょう。

台風や豪雨のとき外を歩いていたら

電車の運休や道路が冠水する可能性があるので、
外出先で大雨にあったときは早め早めの行動を。
地下からは出て、川などの
近づくと危険な場所を避けて移動します。

冠水した道とアンダーパスは歩かない

冠水した道路は、水位は低くても足をとられやすく、足元が見えないので大変危険です。どうしても通らなくてはいけないときは棒などでマンホールや危険物を確認しながら避難しましょう。水辺にいる場合は速やかに高台へ。強風による飛来物にも注意しましょう。

台風や豪雨のとき車に乗っていたら

豪雨に遭遇したとき「車なら逃げられる」と思うのは間違い。
エンジンは水深30cmで故障し走行できなくなります。
短時間に猛スピードで冠水が進むこともあるので
油断できません。

50cm以上	30～50cm	10～30cm
車が浮き、車の中に閉じ込められてしまいます	エンジン停止。車から出ましょう	ブレーキ性能が低下し、安全な場所へ車を移動

早めに車から脱出する

冠水した道路は車で走らないのが鉄則。水位が上がると水圧でドアが開かなくなり、脱出できなくなることも。風水害に遭遇したら、安全な場所へ車を移動し、状況によってはその場に置いていきます。その場合、レスキュー車が通れないことがないように、鍵はつけたままに。

地下鉄に水が入ってきたら

ゲリラ豪雨によって、地下に雨水や下水が
流れ込むこともあります。
ホームは人であふれ将棋倒しが起こる危険性も。
冷静になって駅係員の指示に従い、地上に上がりましょう。

駅係員の指示に従う

地下にいると地上の状況がわかりづらいため、閉塞感と恐怖心からパニック状態に陥りやすい状況です。右往左往する客の間でトラブルが起きることも。駅係員の誘導に従って、逆行したり、人を押したりすることのないよう、慌てずに行動することが大切です。

夜間や豪雨の中での避難行動

河川の氾濫で浸水のおそれがあるときと、
土砂災害のおそれがあるときとでは、避難の仕方が異なります。
避難所までの移動が危険な場合は、
他の場所で安全を確保しましょう。

垂直避難が効果的なとき

・夜間や急激な降雨で避難道路で危険な箇所がある
・膝上まで浸水している
・水位は高くないけれど、水の流れる速度が速い、または用水路の位置が不明

風水害は垂直避難が安全

夜間や暴風で移動できなくなる前に、危険を感じたら自らの判断で早めの避難が基本。避難場所までのルートが危険な場合、高台にある頑丈な建物へ避難します。屋外へ避難するほうがかえって危険な場合は、その場にとどまる選択も。建物内の階上で待避しましょう。

風水害で避難するときの服装

避難するさいは飛来物や落下物でケガしないよう
露出を避け、動きやすいよう着慣れた服を選ぶのがベスト。
持っていけるものの量には限りがあるので、
重ね着をするのも手です。

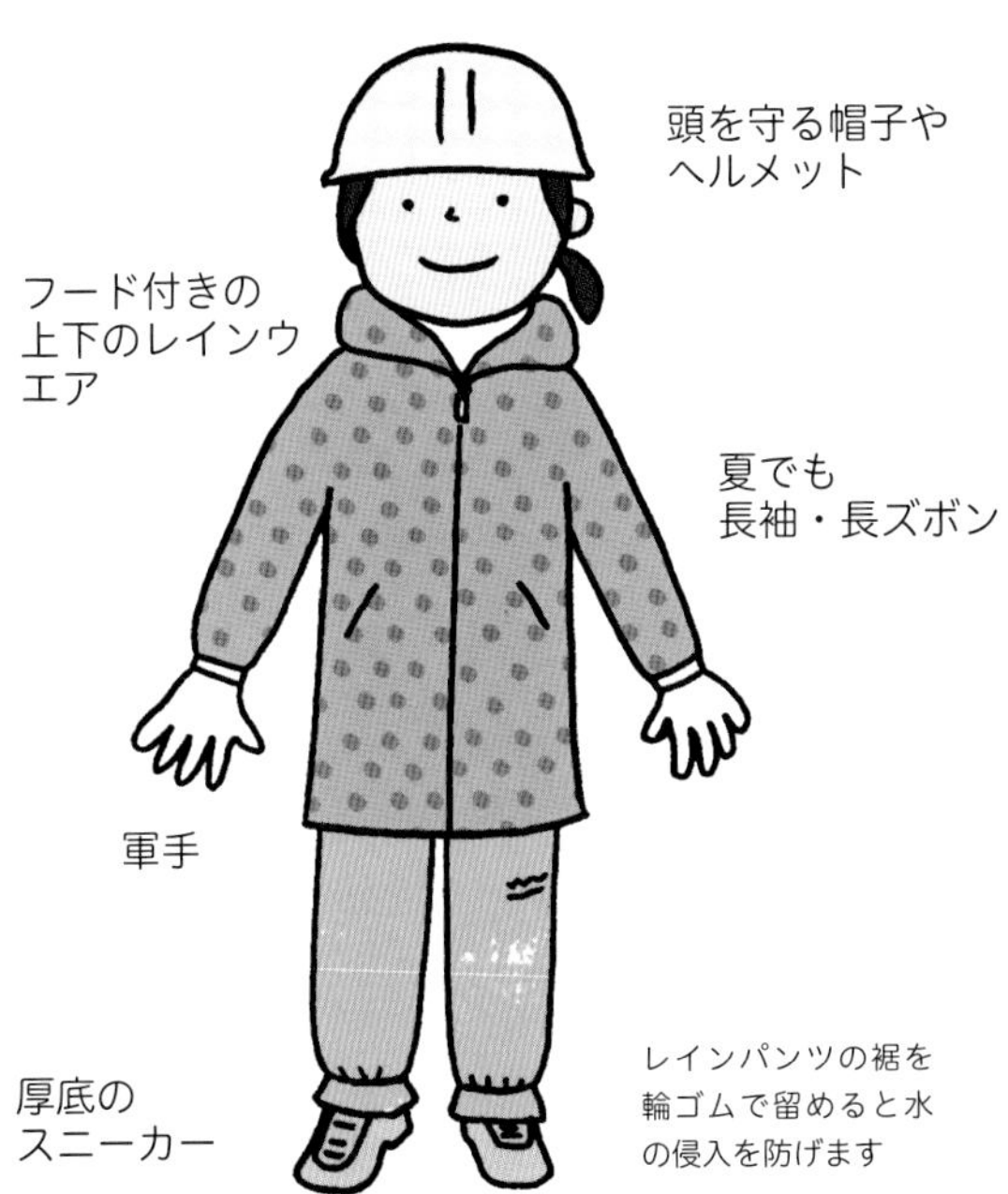

動きやすく水に濡れない装備に

水害の場合、服や体を濡らさないように工夫します。軽くて、速乾性や撥水性のある上下に分かれたレインウエアが活躍。靴は耐久性に優れた履き慣れたスニーカーを。脱げやすくケガをする危険のあるサンダルと、水が入ると重くなり歩きにくくなる長靴は適しません。

中州に取り残されたら

今いる場所で雨が降っていなくても、上流で降っている場合、水かさが急に増すことも。中州は増水すると水没する可能性が高く、陸地に戻れなくなることもあります。

高いところで水が引くのを待つ

もし中州で取り残されたとき、近くに木などがあれば、慌てて動かずに高いところに移動し水が引くのを待ちましょう。太陽の光を鏡に反射させたり、焚き火の煙を立ち上げたりすることで、援助隊に見つけてもらいやすくなります。川では、晴れているときでも中州でのキャンプは厳禁です。

泥沼にはまったら

泥沼のある湿地帯には近づかないのが一番ですが、冠水した道路で泥沼に足をとられてしまうことも。一度はまったら抜け出しづらいのが泥沼のやっかいなところです。

平泳ぎのように体重を分散させる

湿地を移動するときは、草むらから草むらへ渡るのが基本です。泥沼にはまってしまったら、もがいたり足をばたつかせたりせず、足場のよいところまで上半身は前へ下半身は後ろへ平泳ぎの要領で体重を分散させて移動します。こうすることで脱出しやすくなります。

シャツやズボンを浮き輪代わりにする方法

ライフジャケットや浮き輪がなくても
身近なもので代用することができます。
緊急事態のときに備えて、
シャツやズボンを利用する方法を覚えておきましょう。

●シャツの浮き輪
空気が漏れないように上半身を少しかがませながら水に入ります
●ズボンの浮き輪
それぞれ結んだ裾をひとつに結んで輪にしたところに顔を入れます

服に空気を入れて浮かせる

シャツの襟を立て片手で首元をつかみます。もう一方の手で、前側の裾から空気を入れ、空気が逃げないように押さえて水に飛び込みます。ズボンは裾を結び、ウエスト部分を振りかぶって空気を入れます。胸の前でウエスト部分を持ち、輪にした足の部分から顔を出します。

ペットボトルを浮き輪代わりにする方法

水害時の避難や人命救助にペットボトルが役立ちます。
大人で2L・1本くらいで浮力を得られます。
ペットボトルを抱えたり、服にセットしたりして
浮き輪代わりにしましょう。

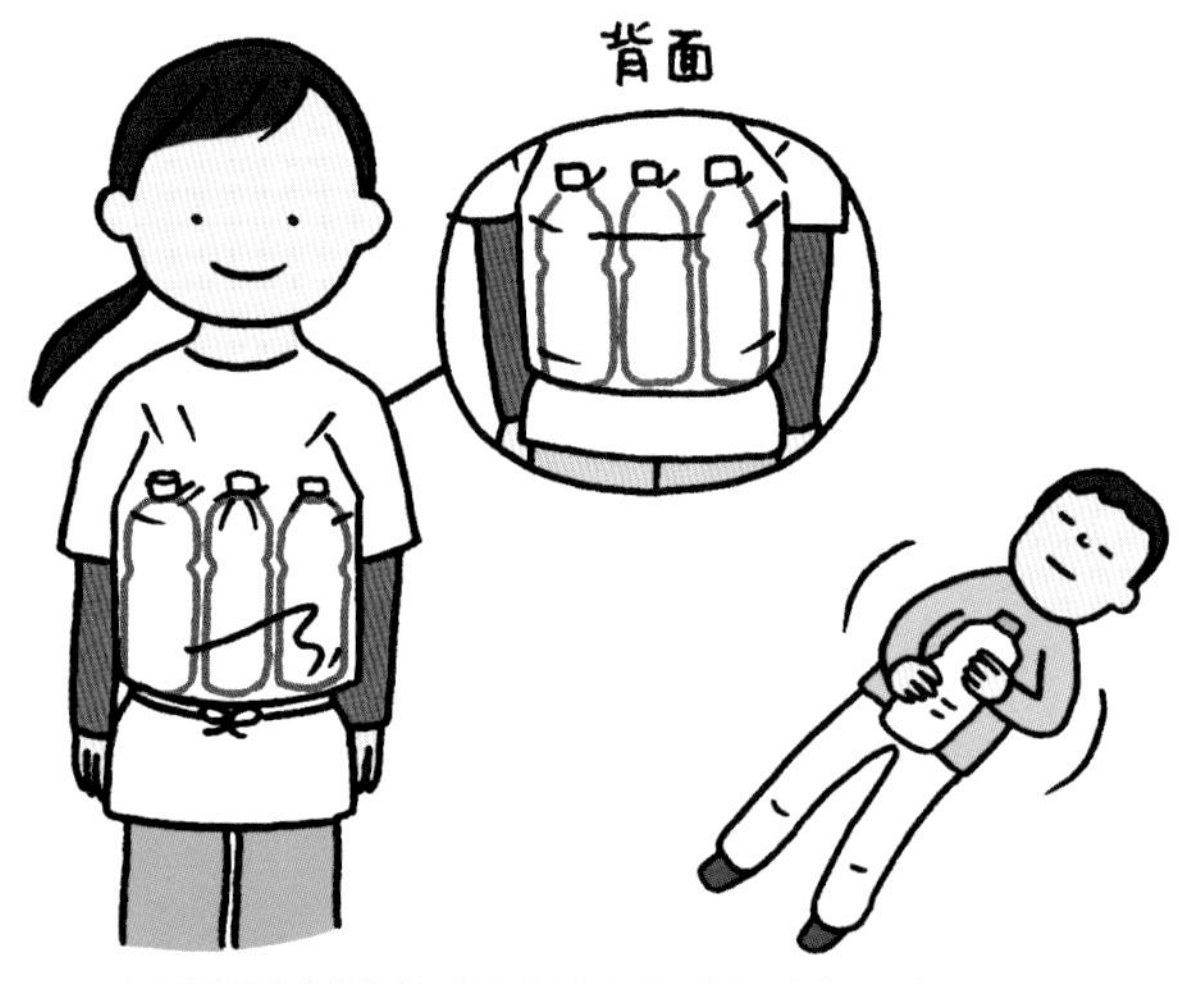

ペットボトルライフジャケットで用意するもの

- ペットボトル(500mlを6本)
  体格によって調整してください
- Tシャツ　・ロープ

前後3本ずつのペットボトルは均等になるようにセット。ゆるまないように、ペットボトルの底部分にロープを一周させます

Tシャツにセットしてライフジャケットにする

服の内側に500mlペットボトルを入れ、外側からキャップをはめて固定。体の前後に3本ずつ取り付け、最後にロープで固定してライフジャケット風に。ペットボトルを抱えて浮き輪に代用する場合は、お腹と胸の間で抱え込み、ラッコのように顔を水面から出して体勢をキープします。

自宅が床上浸水したら

台風や集中豪雨によって家屋が浸水すると、
水が引いた後も汚泥が残り、
湿気でカビや細菌の繁殖による感染症リスクもあります。
衛生対策として洗浄や消毒が必須です。

●写真を撮っておく

屋外・室内ともに、被害の様子や浸水した深さがわかるように、いろいろな角度から写真を撮っておきましょう

掃除・片付け・消毒をする

濡れた家具を片付けます。床下の汚泥を掻き出し、扇風機で充分に乾燥させた後に消毒剤を散布。必要に応じて消臭剤などを施し、床を修復します。汚れたものは洗ってきれいにし、不要なものは捨てます。電気配線と家電は安全点検をしてから使用しましょう。

防災のプロに聞く

内水氾濫
下水道があふれる都市型水害

外水氾濫
河川の堤防越水や決壊で起こる

Q

水害の原因である外水氾濫と内水氾濫にはどのような特徴がありますか？

A

外水氾濫は河川増水に伴う越水や破堤、決壊で起こり、非常に危険です。避難する際は、遠くの避難所を目指すより、近くにある3階以上の頑丈な建物へ避難するほうが安全な場合もあります。

一方、内水氾濫は大量の降水によって下水などの排水処理能力を上回り、排水しきれずオーバーフローを起こしている状態や河川からの逆流を指し、このことから都市型水害ともいわれます。都市化と豪雨の局所化により被害は年々増加傾向にあります。自宅や勤務地の周辺の地形を事前に把握して、どこに水が溜まりやすいか、地下施設の被害、アンダーパス、低地での浸水、道路冠水等、どんな危険があるかを事前に調べておくことが必要です。

PROFILE
災害リスク評価研究所 代表
災害リスクアドバイザー
防災計画・事業継続計画コンサルタント
松島 康生（まつしま やすお）さん

災害リスクと住宅（自助）、自治組織・地域コミュニティの防災対策。被害想定、防災施策、防災計画・BCP・非常災害対策計画、PDCA型防災訓練を専門にする

Q 集中豪雨と都市型水害はどのような関係がありますか？

A 都市化によって起こったヒートアイランド現象が集中豪雨のひとつの要因とされています。豪雨によって都市や市街地が水害を受ける事象は、今後も増加すると考えられます。局所的大雨は下水道管へ流れ込みますが、この許容量は1時間あたり50㎜を限界値として設計されています。近年は許容量を超える豪雨が多く、低地や谷地形では水があふれたり、河川近くでは逆流することも。

Q 台風によって起こる風害とその対策を教えてください。

A 住宅街であれば、瓦やトタン板、傘類、プランター、日よけシェードなど、商店街であれば、看板や掃除用具、収納ボックスなどによる被害に注意が必要です。飛来物による窓ガラスの割れは危険なので、飛散防止フィルムやテープを貼るとよいでしょう。強風による、扉や車の開閉時の手指の挟み込みにも気をつけましょう。特に、小さな子どもや高齢者の被害が増えています。

● 風の強さと吹き方

風の強さ	平均風速（m/s）	おおよその瞬間風速（m/s）	風の吹き方、状況イメージ
猛烈な風	40以上	60	屋外での行動は極めて危険。走行中のトラックが横転する。多くの樹木が倒れる。住宅の壁が広範囲に飛散し住宅自体が倒壊することもある
	35以上40未満	50	
	30以上35未満		
非常に強い風	25以上30未満	40	何かにつかまっていないと立っていられない。屋根や瓦、看板は落下・飛散する。通常の速度での車の運転が困難になる
	20以上25未満		

Q 家を浸水させないための工夫はありますか？

A 家を完全に浸水させないというのは難しいですが、少しでも浸水被害を少なくする対策を講じることはできます。

まず、日頃から家の周りにある下水道の側溝や雨水ますに葉っぱやビニール袋が詰まってしまわないようにすることが大切です。自分の家の周りだけでなく、ご近所の方と協力して、地域で定期的な清掃を。

土地が低い場所は土のうや水のう、砂類、長靴、ブルーシート類が必須です。土のうを詰め、積み上げる作業は、急にはできないので準備しておきましょう。

家の中は、下水道からの逆流があるため、キッチンや洗面、防水パンの排水口の穴をふさぎます。水のうは、下水の逆流を防ぐのにも利用されています。

過去に浸水したことのある場所では、浸水防止パネルや止水板、防水シート、排水ポンプ類の準備をしましょう。地下室はすみやかに避難し、地下駐車場の車は移動します。洪水や内水ハザードマップを確認の上、火災保険の水害保証に加入しておきましょう。

玄関からの水の侵入を防ぐには、ドアとサッシの隙間を埋めることが大切。ブルーシートを扉の前に敷いて土のうを積んだり、板を使って浸水を防いだりする方法などがあります

Q 保険の対象になるものと対象にならない浸水について教えてください。

A 火災保険の水害対象は、台風や集中豪雨による被害が補償の対象とされていますが、一般的な補償範囲は、床上浸水が発生した場合、または保険金額の30％以上の損害が発生した場合に限られています。このことから、床下浸水には保険の適用がされませんが、床下に入り込んだ浸水は非常に厄介です。床下浸水が保険対象外になる理由についてはさまざまありますが、詳細は損害保険協会へお問い合わせください。

Q 台風や豪雨など、風水害対策で最も大切なことはなんですか？

A 日頃の備えが重要です。自宅や勤務先の水害リスクをあらかじめハザードマップで確認し、河川だけでなく、谷や窪地など浸水しやすい地形を調べておきます。最低でも、災害リスクの程度と台風や豪雨にあったときに避難の必要がある地域なのかは知っておくべきです。また、避難が困難な家族がいるかどうかも把握しておく必要があります。同じ地域でも家族構成によって避難のタイミングや避難時の持ち物が異なります。家族に小さなお子さんや高齢の方がいる場合は、早め早めの避難を心がけましょう。

Q 松島さんご自身が日頃から行っている災害対策を教えてください。

A 私が家を不在にしていても、家族が安心して暮らせるように、災害時の対策として必要な資材や食料品を備蓄しています。

家族がバラバラなときに心配なのは安否です。我が家では、被害レベルに応じた段階的な連絡方法と避難先を決めていて、スマホ類が使えなくなったときのことを考えて、名刺サイズに情報をまとめたり、クラウド上に保存したりしています。

外出先での帰宅困難を想定して、ビジネスバッグ用、出張用、車用とそれぞれのシチュエーションに合わせたグッズを準備しています。災害発生時に必須な3種の神器は、LEDライト、携帯ラジオ、暑さ・寒さ対策グッズ・衛生用品です。LEDライトは、夜間や停電時に活躍します。携帯ラジオは災害時の情報収集に欠かせません。寒さ対策のアルミシート、暑さ対策の扇子、感染症予防になるマスクなども装備。さらに、個人として必要になる水のペットボトルや笛なども準備してあります。

●災害時の状況に応じた連絡手段

フェーズ1 電話がつながりにくい	つながりやすさの順位 携帯電話＜一般電話＜公衆電話＜ IP 電話・SNS 電話
フェーズ2 電話はNG、インターネットは◎	・SNS電話　LINE、Facebook、カカオトークなどの活用 ・SNS　LINE、Twitter、Facebook、Google＋などの活用 ・メール　ショートメール、Eメールの活用
フェーズ3 電話・インターネットともにNG	・家族や会社と連絡がとれないことを前提とした事前の取り決め ・エマージェンシー（帰宅困難）カードの活用

プロも使うアプリ

ウェザーニュース

登録した1地点の雨雲の接近を知らせる通知が受け取れます。有料会員になると、GPSによる位置情報をもとに、現在地の緊急情報が通知されます。

大雨や落雷、地震、津波、台風など気象災害から身を守るためのコンテンツなどの情報をサポート。「雨雲レーダー」は、雨雲や台風の進路、雨雪の境目、雨が降る時間や止む時間がわかります。「雨雲アラーム」では、災害レベルの大雨のときには最新の情報が届きます。

Yahoo! 防災速報

防災アプリの定番。スマートフォン向けのアプリ版と、パソコンや従来型携帯電話で受け取れるメール版があり、すべて利用は無料です。

地震速報や豪雨予報、津波予報、土砂災害情報、河川水位情報、国民保護情報（Jアラート）、自治体からの緊急情報など、災害や防災に関する速報を通知してくれるサービスです。自宅や勤務先、実家など最大3か所まで登録でき、現在地の速報も受け取れます。

プロもチェックするサイト

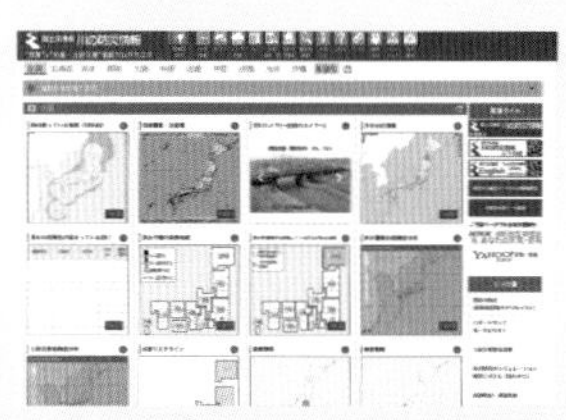

国土交通省 川の防災情報

国土交通省が提供する河川に特化した防災情報を確認できます。パソコン版、スマホ版、携帯電話版があり、英語版での配信も行っています。

リアルタイムの水位や雨量、国が管理する全国の河川の洪水情報や水防警報、氾濫警報の情報を発信。洪水時に住民の主体的な避難を促進するため、河川沿いに設置したカメラ映像や局所的な雨量を確認できるなど、住民目線に立った川の防災情報を提供しています。

気象庁 防災情報

気象災害の情報をいち早くキャッチできるサイト。天気予報については毎日5時、11時、17時に発表、天気が急変したときは随時修正して発表します。

災害時には何よりも確かな情報を得ることが重要です。気象庁のサイトで、風水害に関する確かな情報を持っています。大雨・洪水警報の危険度分布や台風情報、指定河川洪水予報、土砂災害警報情報、早期注意情報など、気象災害の情報を幅広く扱っています。

COLUMN 02

被災時の防犯

避難時は、施錠。特に女性と子どもはひとりで行動しない

大きな災害が起きたとき、空き巣や窃盗が多発します。避難する際、時間の余裕がある場合は、全ての窓とドアを施錠することを忘れないようにしましょう。しばらく家に帰れないとき、家にLEDライトとポケットラジオをつけっぱなしで置き、在宅を装っておくのも効果的です。帰宅は、二人以上でし、窓やドアを開けられた形跡がないか確認してからドアを開け、床に靴の足跡がないか確認してください。もしも異変を感じたら、すぐに家を出て警察に通報します。

避難所では、荷物を1か所にまとめ、その場を離れるときは、誰かに見張りを頼むようにします。貴重品は、斜め掛けのカバンやウエストポーチなどで常に持ち歩き、寝るときにも身につけておきましょう。

また、被災時は、性犯罪も多発します。特に女性と子どもは、トイレや人の目が届かない場所には絶対にひとりで行かないでください。復旧作業中に子どもから目を離した間に子どもが犯罪に巻き込まれるケースもあります。

避難時の護身用に、防犯ブザーと催涙スプレーを避難袋に入れて準備しておくことをおすすめします。

PART 03

地震にあったとき

いつ起こるかわからない大地震の被害想定を知る

世界でも有数の地震多発国である日本。遠くない将来、大地震が起こることが予測されています。どのような被害が起こるのかを知っておきましょう。

今後30年の間に約70％の確率で起こる大地震

近い将来に東日本大震災の被害を上回る大地震が懸念されています。特に被害予測が大きいのが「南海トラフ大地震」と「首都直下型地震」です。

南海トラフ大地震

駿河湾から日向灘へ延びる南海トラフに沿って発生する南海トラフ大地震は、マグニチュード8～9、最悪の場合死者は32万3千人にも達すると予測されています。津波による被害が大きく、震源が陸に近いことからも揺れから津波到達までの時間が短いことも特徴です。

首都直下型地震

内陸直下の地震は周期性がなく、いつ起こるかわかりません。首都直下地震はマグニチュード7、死者数は最大2万3千人と予想され、都会ならではの被害が起こるのが特徴です。

●少しずつ動いているプレート
硬い板状の岩盤であるプレート。その境界には海溝やトラフなどの深い溝ができ、地震が起こりやすい

地震による被害

どのような被害が起こるか知り、家族の命を守る対策をしていきましょう。

土砂崩れ

山沿いの地域では大きな揺れにより土砂崩れが起こり、家屋に被害が出る可能性があります。

建物の崩壊

耐震化されていない建物は倒壊する可能性があります。建物の下敷きになり死傷することが考えられます。

火　災

ガスコンロやストーブからの引火や電気による火災が起こります。

家具の転倒

建物は無事でも、倒れてきた家具や家電の下敷きになることがあり、対策が必要です。

液状化現象

ゆるい砂の地盤が地震の揺れで液体状になることを液状化現象といいます。建物が傾いたり、地面が沈下したりする被害が起こります。

津　波

海沿いの地域では、大地震の直後に想像もしないレベルの大きな津波が来るかもしれません。人や建物に大きな被害が出ます。

交通網の断絶

線路・道路の崩壊や火災の発生で交通網が長い時間麻痺することが考えられます。帰宅困難者の発生、物資輸送の遅れなどが起こります。

ライフラインの断絶

水道、電気、ガスが長時間ストップすることが考えられ、避難生活をいかに乗り越えるかが課題です。

そなえ

被災後の生活を想像して家族に必要な備蓄をしよう

地震への備えとして準備しておきたいものには、大きく分けて2種類あります。避難する際の持ち出し袋と被災後に家族が生活するための備蓄です。

建物が倒壊する恐れがある、津波が来るといった危険が迫っている場合は、一刻も早く逃げなければなりません。あらかじめ用意し、すぐに取り出せるところに避難用持ち出し袋を置いておくことが大切です。

自宅が無事でも、水道、電気、ガスなどが長時間止まるほか、食料が手に入らないことが考えられます。また、避難所でも水や食料が不足するなど、過酷な環境に置かれる可能性も高いでしょう。そんな中で家族が生き抜いていくための備蓄が必要です。次のページのリストを参考に、最低でも3日分、できれば7日分の備蓄をしましょう。高層マンションではエレベーターが止まることも考えられ、その場合はさらに多めの備蓄が安心です。

非常用持ち出し袋を準備

避難する際に持っていくリュックは、身動きが取りやすいよう重さに注意

備えておきたい防災グッズの例

家庭内の備蓄

飲料水(ひとり1日3リットルが目安)	
保存食	(パックごはん、缶詰、レトルト食品、フリーズドライ食品、ビスケット、チョコレートなど)
懐中電灯・ランタン	
ろうそく	
マッチ・ライター	
携帯ラジオ	
電池	
薬・救急箱	
スマホの充電器	
緊急連絡先一覧	
カセットコンロ・ガスボンベ	
ティッシュペーパー	
トイレットペーパー	
ウェットティッシュ	
災害用トイレ	ドライシャンプー
粘着テープ	衣類・下着
食品用ラップ	タオル
ゴミ袋	生理用品
カイロ	水のポリタンク
冷却シート	高齢者・子どもに必要なもの
洗面用具	

非常用持ち出し袋

懐中電灯	スマホの充電器
携帯ラジオ	緊急連絡先一覧
電池	非常食・飲料水
薬・救急セット	
マスク	
ティッシュペーパー	
トイレットペーパー	
携帯トイレ	
非常用の笛	
ヘルメット	
現金	
紙皿・紙コップ・割りばし	
タオル	
軍手	
洗面用具	
コンタクトレンズ・めがね	
筆記用具	
衣類・下着	
生理用品	
通帳や免許証のコピーなどの貴重品	
保温ブランケット	
折りたたみ式給水袋	
高齢者・子どもに必要なもの	

外出先や夜間の地震に備えを

外出の際は、いつもカバンに最低限のグッズを入れておくといいでしょう。小型懐中電灯、スマホの充電器、現金（10円玉、100円玉）、緊急連絡先一覧、保険証、薬、飲料水、菓子類などが一例です。また、室内でも割れたガラスなどが散乱してすぐに非常用持ち出し袋のある場所まで行けないことも考えられます。特に夜間は停電で真っ暗になる可能性があるので、寝室に懐中電灯と靴を置いておくようにしましょう。

そなえ

今すぐ見直すべき！命を守るための室内対策

地震への備えの中で、もっとも大切な対策が家の中を安全にすることです。これまでの大震災でも、多くの人が倒れてきた家具の下敷きになったり、飛んできた家電に当たったりして死傷しています。

室内の安全対策のポイントは「配置」と「固定」です。配置は、万が一家具が倒れても逃げ道をふさがない、下敷きにならない場所に家具を置くこと。固定は、家具が倒れないよう、家電が飛ばないよう専用の器具で固定することです。地震はいつ起こるかわからないため、最優先で行いましょう。

家具の配置を見直す

家具の固定の前に、配置を見直しましょう。逃げ道をふさがない、就寝中に倒れてこない、ガラスのそばに置かないことがポイント

出口をふさぐ
場所に
置かない
就寝中に倒れて
こないようにする

家具を固定する

家具の配置を見直したあとは、家具を固定して安全性を高めましょう。固定にはＬ字金具とねじを使うのが基本ですが、壁に充分な強度が必要です。石膏ボードなどで強度が足りない場合、もしくは賃貸で壁に穴を開けられない場合は粘着式の固定グッズを使いましょう。背の高い家具にはつっぱり棒タイプのものが使えます。複数の固定法を組み合わせて使うとより安心でしょう。また、タンスや棚に入れるものは、下のほうに重いもの、上のほうに軽いものを入れることで倒れにくくなります。

冷蔵庫やテレビなどには、ベルトやチェーンなどを使った固定器具もあります。

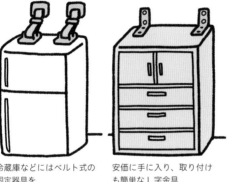

冷蔵庫などにはベルト式の固定器具を

安価に手に入り、取り付けも簡単なＬ字金具

飛散防止対策でより安全に

家具の固定とともに、対策しておきたいのが、危険な物の飛散防止です。窓ガラスにはガラス飛散防止フィルムを貼りましょう。食器棚が両開きの場合は専用のストッパーをつけて、中の食器が飛び出さないようにします。引き出しにも地震対策用のストッパーで、刃物などが飛び出さないようにしておきましょう。食器の下には滑り出し防止のマットを敷いておきます。

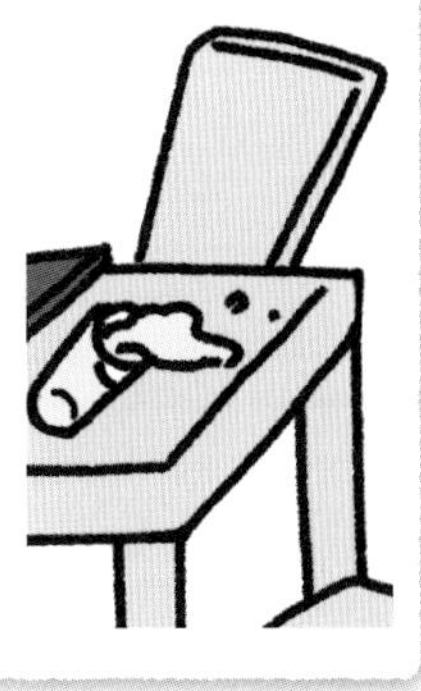

地域のハザードマップを確認　その地域に想定される災害に合わせたハザードマップを確認しましょう

そなえ

きちんと理解して活用したいハザードマップと海抜表示

懸念が高まっている南海トラフ大地震では、大きな津波被害が想定されています。ハザードマップを活用して、家や職場のある地域を確認しておくことが大切です。命を守るハザードマップは地震や津波だけでなく、土砂災害や浸水などが発生した際に被害が及ぶ地域やその程度をマップ上に示したものです。市区町村が作成しており、国土交通省のサイトや自治体のホームページなどからダウンロードすることができます。

ハザードマップの活用手順は、

①まずは自宅や勤務先、学校のある地域の被害予測を確認する

②避難場所を確認する

③自宅や勤務先、学校からのルートを確認する

ということです。そのうえで、家族で避難訓練を行っておくといいでしょう。ハザードマップには、各地域に想定される災害に応じていくつかの種類があります。

津波・高潮ハザードマップ

津波や高潮の被害予測が記されているハザードマップです。浸水区域や想定浸水、海抜情報に加え、津波避難ビルなども記載されています。

地震ハザードマップ

その地域の地震による揺れやすさ、液状化現象が起こる危険度などが記されています。広域避難所の場所も記載されており、地震発生時に落下物の心配がない広い場所、地震火災から身を守る場所として活用できます。

海抜表示の見方

さまざまな場所で見かける海抜表示。近隣の海からの高さを示したものですが、自分の住んでいる地域の海抜を知り、避難場所をより海抜の高いところに決めておくなど、災害対策に役立てることができます。

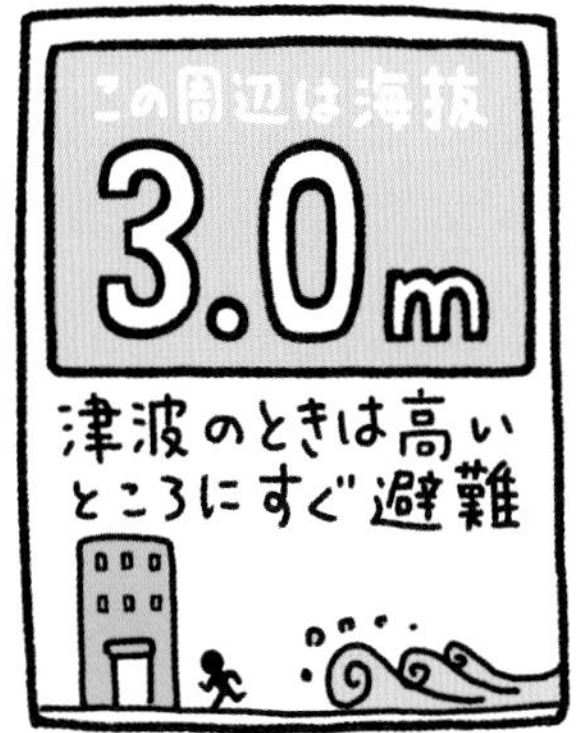

津波避難タワーの場所を確認しよう

津波の発生時、または津波の恐れがあるときは、急いで海岸から離れ、高いところへ逃げるのが鉄則です。津波の危険がある地域に設定される津波避難ビルは、高さや耐震性などの条件を満たしている建物で、所有者と協定を結んで指定されています。津波避難ビルが少ない、高台が遠いなどの場所には、津波避難タワーが建てられていますが、無理にこのような施設避難をする必要はなく、近くの高台へ避難を。

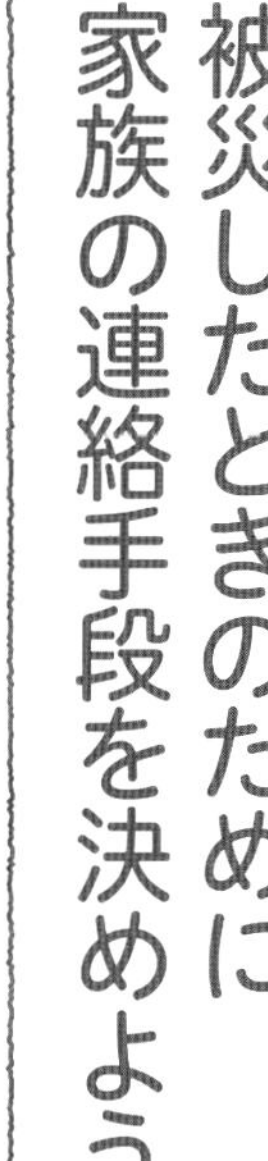

そなえ

被災したときのために家族の連絡手段を決めよう

連絡は遠方の親戚を経由

家族に電話がつながらないときは、遠方の親戚などを介して連絡をとりましょう

○○くんは大丈夫だよ

お母さんは無事だよ

遠方の親戚など

つながらない

日中に地震が発生した場合、家族が別々に被災する可能性があります。前もって連絡手段や待ち合わせ場所を決めておき、メモした紙を各自に渡しておきましょう。大きな地震が起きた際は被災地間の電話がつながりにくくなりますが、遠隔地を経由するとつながることがあります。そのため、遠くに住む親戚などを経由して連絡をとる三角連絡法も有効です。

避難場所については、最寄りの避難所が基本です。状況によってそこに行けない場合もあるので、第二候補くらいまで決めておきましょう。

災害用伝言ダイヤル

震度6以上の地震が発生すると、すぐに災害用伝言ダイヤル（171）と、インターネットで利用できる災害用伝言板（web171）が開始されます。

また、NTTドコモ、KDDI（au）、ソフトバンク、ワイモバイルなどの通信大手では、災害用伝言板が開設されます。伝言を文字で登録し、全国からそれを確認できるので、各社のホームページなどで利用法を確認しておくといいでしょう。

玄関のドアに目印を

避難などで家を空ける場合、安否を伝える目印をしておくと安心です。避難場所を書いた紙をドアに貼るのが一般的ですが、防犯面では少し気になります。郵便受けからハンカチをのぞかせておくなど、家族がわかる目印を決めておきましょう。

SNSを活用しよう

Twitter や Facebook などの SNS に状況を書き込めば、アカウントを知っている家族や友人に無事を知らせることができます。使いたいときにスムーズに使えるよう、スマホの充電器などを持ち歩いておくといいでしょう。

緊急地震速報が鳴った！ 数秒でできることは

緊急地震速報が鳴ってから大きな揺れがくるまで
数秒から数十秒。わずかな時間で
すぐに安全確保しなければなりません。
最優先すべきことを確認しておきましょう。

自分と家族の安全を確認する

震源からの距離によって、音から揺れまでの時間が異なります。音が鳴ったらすぐに家族にも危険を知らせ、テーブルの下にもぐって頭を守る、窓ガラスから離れるなどの対応をとりましょう。就寝中の場合はふとんをかぶって揺れがおさまるのを待ちます。

地震が発生したら まずとるべき行動は

大きな地震が起きたときの行動は、場所によって異なります。
火の始末や逃げ道の確保より、まずは身の安全。
瞬時の判断が命に関わるため、
日頃からシミュレーションしておきましょう。

危険なものから離れ、頭を守る

家にいる場合、ガラスなどの危険なものからすぐに離れます。クッションなどで頭を守り、近くに丈夫なテーブルなどがあればもぐって脚につかまります。屋外の場合、ガラスの破片や外壁が降ってくる可能性があるので、カバンなどで頭を守りながら建物から離れましょう。

津波警報が鳴ったときに とるべき行動は

最初は小さくても、急に大きな濁流となることもある津波。
数分で状況が変わってしまうため
津波警報が出た直後に行動する必要があります。
避難の基本をしっかり頭に入れておきましょう。

すぐに海岸から離れ、高い場所へ向かう

津波避難の基本は、高台へ向かうこと。高台が遠い場合は、3階建て以上の鉄筋コンクリートの建物の最上階へ避難します。渋滞して避難できなくなる恐れがあるので、原則として車は使いません。高齢者がいるなどやむを得ず使う場合は、より迅速な行動が必要になります。

割れたガラスや食器が散乱したらどうする？

揺れがおさまったからといって無防備に家の中を歩くと、割れたガラスや食器でケガをすることがあります。ケガはその後の避難にも差し支えてしまうため、未然に防ぐよう準備しておきましょう。

必ず靴やスリッパを履いて歩く

大きな揺れのあとは、ガラスや食器の破片が落ちていることがあるので、靴やスリッパを履いて歩くようにします。夜間は停電で真っ暗になることもあるので、寝室に靴やスリッパを用意しておきましょう。外から家の中に入る際は、靴を履いたまま入るようにします。

火災が発生！
逃げる？ それとも消す？

大きな揺れがきたら、火の始末より身の安全が優先。
火災が起きてしまったら初期の対応が大切です。
いざというときに的確に動けるよう
対処方法を知っておきましょう。

天井に火が届いたら逃げる

初期消火できるかどうかは、火災発生後２分が分かれ目です。まずは非常ベルなどを鳴らして周囲に火災を知らせ、119番に通報しましょう。同時に、火が大きくなる前に消火器や水で消火に努めます。天井に火が届いたり、煙が白から黄色や黒に変わったら逃げましょう。

徒歩で帰宅するときに注意することは?

大きな地震のあとは交通機関が止まり
帰宅困難者が多く発生します。
道中には危険が多くひそんでいるため
やむを得ず歩いて帰る場合は注意が必要です。

街の様子は一変していると考えて

大地震のあとの街は、がれきが散乱し、電柱が倒れ、道が封鎖されている場合も。見慣れた街でも、普段歩くより何倍も時間がかかると考えましょう。やむを得ず歩いて帰る際は、スニーカーなどの歩きやすい靴で、帰宅支援マップなどで道を確認してから歩き始めましょう。

停電したとき、冷蔵庫の食品を長持ちさせる方法

重要なライフラインである電力。
大地震のあとは、長時間停電する可能性があります。
冷蔵庫内の温度管理をして
少しでも食品を長持ちさせましょう。

保冷剤を使って庫内を冷やす

3～4時間なら、冷蔵庫のドアを閉めておけば温度は維持されます。それ以上の場合は、保冷剤や凍らせたペットボトルを冷蔵庫の一番上に入れます。冷気は上から下に流れるため、庫内全体を冷やすことができます。普段から保冷剤を冷凍しておくといいでしょう。

断水したときにトイレを流す方法

地震の影響で断水が起こることがあります。
もっとも困るのは水洗トイレが使えなくなること。
あらかじめ溜めておいた風呂の水などで
トイレを流す方法を紹介します。

汲み置きの水を一気に流す

便器の周りに水がこぼれるのに備え、床に新聞紙などを敷き、コンセントを抜いておきます。その後、バケツ１杯程度の水を一気に流し込みます。ただし、下水道が被災している場合は、水を流してはいけません。逆流してしまいます。災害用の簡易トイレを準備しておきましょう。

※ P.45 も合わせてご参照ください。

避難所に行く前にやるべきことは？

自宅の最寄りの避難所に行くのが基本です。
危険が迫っている場合はすぐに逃げますが
余裕があれば二次被害を防ぐ対策をしましょう。

火災や空き巣対策をする

自宅が全半壊した、ライフラインが絶たれたなどで避難所に行く際は、火災を防ぐためにガスの元栓を閉め、ブレーカーを落としておきます。留守を狙った空き巣に入られる恐れがあるので、割れたガラスは段ボールなどでふさぎ、戸締まりをしっかりしておきます。

避難所には何を持っていくべき？

避難所に持っていくものは
家族構成や健康状態、気候によっても変わります。
いざというときのために事前に確認しましょう。

最低限生活に必要な物を

避難所ですぐに配給が受けられるとは限らないため、水や食料、必要な医薬品を持っていきます。衣類、身分証や通帳、家の鍵などの貴重品、生理用品、めがねやコンタクト、赤ちゃんや高齢者に必要なものなどをすぐに持ち出せるよう、あらかじめ準備しておきましょう。P.71 参照。

子どもと一緒に避難するときの注意

地震のあとの街は危険が多く、避難所には大勢の人が集まっています。トラブルのないようしっかり備えましょう。

危険な目に遭わないよう注意

赤ちゃんはベビーカーではなく、動きやすいだっこひもで避難するのが基本です。子どもははぐれないよう手をつなぎ、万一はぐれたときのために自分の名前や住所をいえない子には名札などをつけましょう。

ペットと一緒に避難所に行ける？

家族の一員であるペットですが、避難所では他の人の迷惑になる可能性も。荷物も増えるので備えをしっかりと。

迷惑にならないよう気配りを

ペット受け入れ可かどうか、避難所によって異なるため事前に確認しましょう。一緒に避難する場合はキャリーバッグに入れて。動物嫌いや、アレルギーの人もいるため、においや鳴き声に気を配りましょう。

防災のプロに聞く

Q 地震で死なないためにもっとも大切なことはなんですか?

A 建物の耐震化と家具の固定です。食料備蓄などが役立つのは、地震で生き残ったあとのことです。もっとも大切なのは、地震の揺れで即死せず、津波や大規模火災からすばやく逃げる「死なない環境」を作ることです。

Q 日本では地震が増えているって本当ですか?

A 下の図は、1960～1989年と1990～2019年の30年間に起こった震度6弱以上の地震を示したものです。明らかに増えており、年平均2回のペースで起こっていることがわかります。日本はどこでいつ大地震が起こってもおかしくないといえるでしょう。

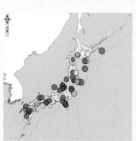

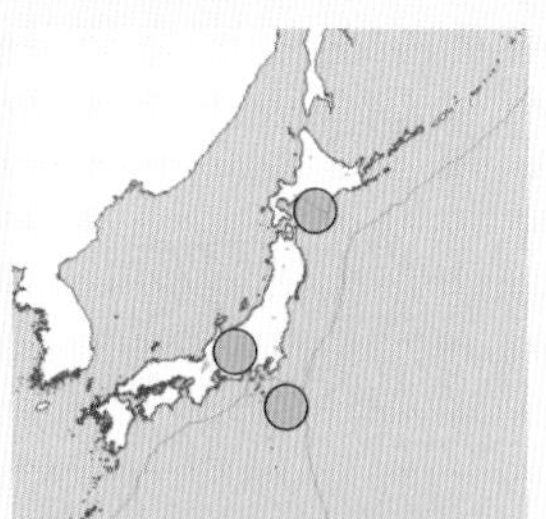

1960～1989年の30年間で生じた震度6弱以上の地震「合計3回」

1990～2019年の30年間で生じた震度6弱以上の地震「合計59回」

気象庁ホームページ震度データベースの値を元にソナエルワークスが作成

PROFILE

ソナエルワークス代表
備え・防災アドバイザー
BCP策定アドバイザー
高荷(たかに) 智也(ともや)さん

「自分と家族が死なないための防災」と「企業の実践的BCP策定」をテーマに活動するフリーの専門家。防災をわかりやすく伝える活動に従事。

Q 特に注意するべき建物はありますか？

A 一番注意してほしいのが、新耐震基準を満たした建物かどうかということです。建築基準法が改正された1981年6月1日以降に認可を受けた建物は、震度6強の地震の直撃を受けても設計上はすぐには倒壊しません。これ以前に建てられた建物の場合、大きな揺れで即倒壊してしまう可能性があります。これは、木造であってもコンクリートのマンションであっても基本的には同じです。阪神淡路大震災でも、古いマンションで途中の階が押しつぶされてしまうというケースが多くありました。どんなに家具を固定しても、食料を備蓄していても、家が倒壊してしまえば意味がなくなってしまいます。旧耐震基準になっている場合、すぐに耐震診断を受け、必要に応じて耐震強化すること、場合によっては引っ越しをすることをおすすめします。

左のグラフは、南海トラフ大地震において、耐震化率が上がった場合の全壊棟数の予測です。100％に近づくにつれ、全壊棟数も死者も大きく下がることがわかります。命を守るためにも家の倒壊は防がなければなりません。

●耐震化率と全壊棟数の相関図（全国）

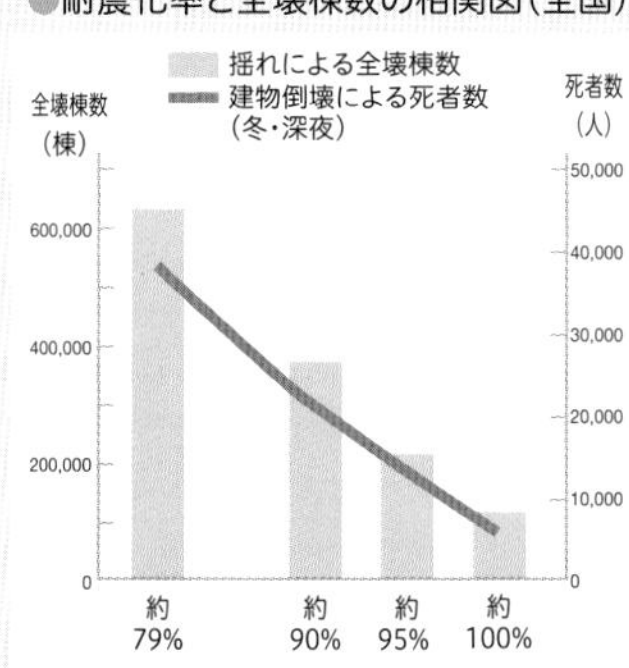

内閣府「南海トラフ巨大地震の被害想定について（第一次報告）」より

Q 室内対策が不十分なことで起こる被害を教えてください。

A タンスなどの大きな家具は固定していても、家電を固定していなかったり、家具の中の物の飛び出し防止をしていなかったりするケースがあります。直下型の大地震の場合、固定していない家電が部屋の反対側まで飛んでいたという報告も多くあります。たとえば飛んできたテレビが頭に直撃したら、命に関わります。また、家具の下敷きになったり、割れたガラスでケガをしたりすると、火災や津波から逃げ遅れてしまいます。早く家を飛び出して危険から逃げるためにも、室内対策が重要なのです。

Q 地震による火災への対策は何をしたらいいですか？

A 首都直下型地震など、都市や住宅街で起こる地震の際は特に火災に注意が必要です。火災報知器の設置が義務付けられていますが、それでは延焼は防げません。一家に一台は消火器を置いて、初期消火できるようにしましょう。最近、インテリアになじむようなおしゃれな消火器も増えています。

一定以上の揺れを感知するとブレーカーが落ちる感震ブレーカーも役立ちますが、夜中の地震で真っ暗になってしまうのを防ぐため、遅延遮断機能つきのものや、停電時に自動的に点灯するライトを合わせて使うのがおすすめです。

PART 01 感染症
PART 02 風水害
PART 03 地震
PART 04 犯罪
PART 05 お金とくらし

Q　都会で地震にあったときの心構えを教えてください。

A　帰宅しようとして命を落とす可能性もあるということです。余震で割れたガラスや看板などが落下してきたり、道路が陥没したり、トンネルが崩壊したり。大規模な火災が起こって爆発に巻き込まれるかもしれません。普段の街とはまったく違っているということを心に刻んでおきましょう。近年、会社や学校側に、従業員や生徒を即帰らせるのではなく、帰さないための対策を促す動きが出ています。無理に歩いて帰るより、安全な場所にとどまることができないかを考えてください。

Q　避難生活を少しでも快適にするための方法を教えてください。

A　避難所の数は、基本的に足りていません。もともと長くても1週間の滞在を想定して作られているもので、環境はよくないのが現実です。快適さで考えると、被災地から一時的に離れるのが一番です。遠方の親戚などの家に避難できるのであれば頼るのもいいでしょう。

避難生活では、口の中のケアがおろそかになってしまいがちなので、歯磨きやマウスウォッシュなどのオーラルケア用品を用意しておくといいでしょう。

Q 上手に無駄なく食料備蓄をするコツはありますか？

A 食品在庫を少し増やし、古いものから消費する「日常備蓄」がおすすめですが、品数が多いと賞味期限管理が大変です。これを簡単にする方法が「宅内仕送り箱」です。同じくらいの賞味期限のものをまとめて、いくつかの箱に分類しておくものですが、一例として、賞味期限が1年以上ある食べ物を詰めた箱を10個作ります。1か月に1箱ずつ食べていけば、食品を無駄にしません。

ポイントは、1か月で確実に食べきれる量にすること、家族が必ず食べるものにすることです。

Q 原子力発電所から放射能が漏れたらどうすればいいですか？

A 原子力発電所の風下が大きな被害を受けます。しかし、すばやく風向きを確認して移動できるとは限りません。基本的には、家の中に閉じこもり、自治体の指示に従うしかありません。被ばくしないためには、すべてのドアと窓を閉め、エアコンや換気扇も止めて放射能に触れないようにします。避難の時間がある場合は、自動車などを使って原発の風上方向へ逃げましょう。

プロも使うアプリ

NHK ニュース・防災

NHK の公式アプリ。災害情報や避難情報をプッシュ通知で知らせてくれるほか、災害時にはライブの放送同時提供もある。

速報を伝えてくれる点は Yahoo! 防災速報と同じですが、地震が起きたあとに、地震の震源はどこか、被害は大きいのか、津波が来るか、来るとしたらどこなのかといった情報を入手することができます。災害に巻き込まれたあとにも活用できるアプリです。

Yahoo! 防災速報

緊急地震速報や津波速報、避難情報などをプッシュ通知で知らせてくれるアプリ。地震だけでなく、さまざまな災害に対応している。

アプリをダウンロードしておくと、緊急地震速報や津波速報などをいち早く知らせてくれます。位置情報を設定することができ、災害が起こる前にプッシュ通知で知らせてくれるので、不意打ちを減らすことができます。地震で生き残るために有効なアプリです。

プロもチェックするサイト

地震ハザードステーション

http://www.j-shis.bosai.go.jp/

防災科学技術研究所のサイト。全国の「地盤の揺れやすさ」などを地図上で確認できる。

任意の住所を入力すると、将来発生する恐れのある強い揺れの予測をリスクの大小、確率などで見ることができます。また、活断層の位置もわかるので、自分の家がどんな場所にあるのかも調べることが可能です。

重ねるハザードマップ

https://disaportal.gsi.go.jp/maps/

津波や土砂災害など、住所を入力することで日本全国のハザードマップを重ねて見ることができるサイト。

全国民、必ず見ておいてほしいサイトです。住所を入力すると、津波、洪水、土砂災害の 3 つのハザードマップを重ねて表示させることができます。地震による津波や土砂災害の危険があるのか、すぐに見られるのでおすすめです。

COLUMN 03

心のケア① セルフケア編

人と話をすることや、副交感神経への働きかけが有効。子どもにはスキンシップを

被災や新型コロナの緊急事態下のような特殊な状況に置かれたとき、犯罪に巻き込まれたときには、心が不安定になります。それは、誰にでも起こる自然な心理反応です。しかし、それが長く続くと、身体に不調をきたすため、心に不安を感じたら応急手当を試みましょう。

・家族や友人と話す

つらい気持ちは表現することで緩和されます。

・首の運動

首の後ろには副交感神経が集まっているので、首を前後左右に倒したり回して刺激しましょう。

・好きなイメージを想像

海や山などの景色や、幸せを感じたシーンなど好きなイメージを思い浮かべると、副交感神経が刺激され心の緊張がほぐれます。

・好きな香りをかぐ

香りは、自律神経をつかさどる視床下部に直接働きかけるので、身体の緊張をほぐし、気持ちを落ち着かせる効果があります。

・自分を勇気付ける言葉を3～5回つぶやく

「絶対大丈夫」など、プラスの言葉を声に出すと気持ちが落ち着くことが実証されています。

・子どもにはスキンシップ

できるだけ一人にせず、抱っこなどのスキンシップを増やします。

PART 04

犯罪に巻き込まれたとき

誰でも狙われる可能性がある重大犯罪から身を守ろう

留守を狙った空き巣やスマホを使ったサイバー犯罪など、世間には犯罪があふれています。犯罪の種類を知り、備えて命と財産を守りましょう。

侵入犯罪・窃盗

金品を盗まれるだけでなく危害を加えられることも

住居などに侵入されて起こる犯罪を侵入犯罪といいます。留守中に金品を盗む空き巣だけでなく、住人が在宅の場合でも狙われることがあります。刃物などで脅される侵入強盗は、命に関わる危険な犯罪です。住居以外でも、路上で遭遇するひったくりや置き引きにも注意が必要でしょう。

侵入強盗／空き巣／忍び込み／居空き／ひったくり／置き引き／車上荒らし など

性犯罪

性犯罪の被害者は心身に後遺症が残ることも

本人の意思に反して、強姦や強制わいせつなどをする性犯罪。女性だけでなく、子どもや男性も被害者になることがあります。また、見知らぬ犯人だけでなく、家族や恋人など、身近な人との間にも起こります。

痴漢／盗撮／強姦／強制わいせつ など

サイバー犯罪

便利さが追求されるとともに悪質な犯罪が増えている！

パソコンやスマホを悪用したサイバー犯罪は匿名性が高く、証拠が残りにくいのが特徴です。インターネットを介した児童ポルノや著作権法違反、名誉棄損、他人のＩＤやパスワードを盗む不正アクセスなど多岐にわたり、その被害もさまざまです。

インターネットを介した児童ポルノ／著作権違反／名誉棄損／ストーカー／不正アクセスなど

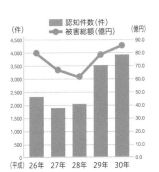

特殊詐欺

次々に新たな詐欺が登場！

特殊詐欺とは、電話やメール、ハガキなどで騙してお金を支払うよう誘導する詐欺の総称です。高齢者が狙われやすく、手口が巧妙になっています。

認知件数（件）
被害総額（億円）
（件）
（億円）
(平成) 26年 27年 28年 29年 30年

東京都内における特殊詐欺認知件数等の推移（都民安全推進本部のサイトより）

テロ・ハイジャック

不特定多数を狙った犯罪

日本はテロやハイジャックが少ないと考えられがちですが、地下鉄サリン事件など、多くの人が亡くなるテロ事件がたびたび起こっています。海外で日本人が犠牲になるケースもあり、もはや他人事（ひとごと）ではありません。

防犯

知っておけば瞬時に動ける！力が弱くてもできる護身術

人体の急所

目
攻撃されると視界を奪われ、隙が生じやすい

あご
肘などで攻撃されると体がのけ反る

みぞおち
攻撃されると大きなダメージを受ける

肋骨
攻撃されると大きなダメージを受ける

小指
力いっぱい曲げられると痛みでひるむ

すね
靴などで蹴られると痛みで一瞬動きが止まる

突然見知らぬ人が襲ってきたとしたら、あなたは自分を守れるでしょうか。とっさに対応するのは難しいことですが、護身術を知っているかどうかは大きな差です。身を守るためのポイントは、本当に危ないときは思い切って行動すること。暴力が嫌いな人ほど「相手がケガをするかも」とひるんでしまいますが、自分より力の強い相手が襲いかかってきた状況で、手加減していてはやられてしまいます。そして、力ずくではない、効率のいい撃退方法を知っておきましょう。

とっさのときに身を守るには

手首をつかまれた！

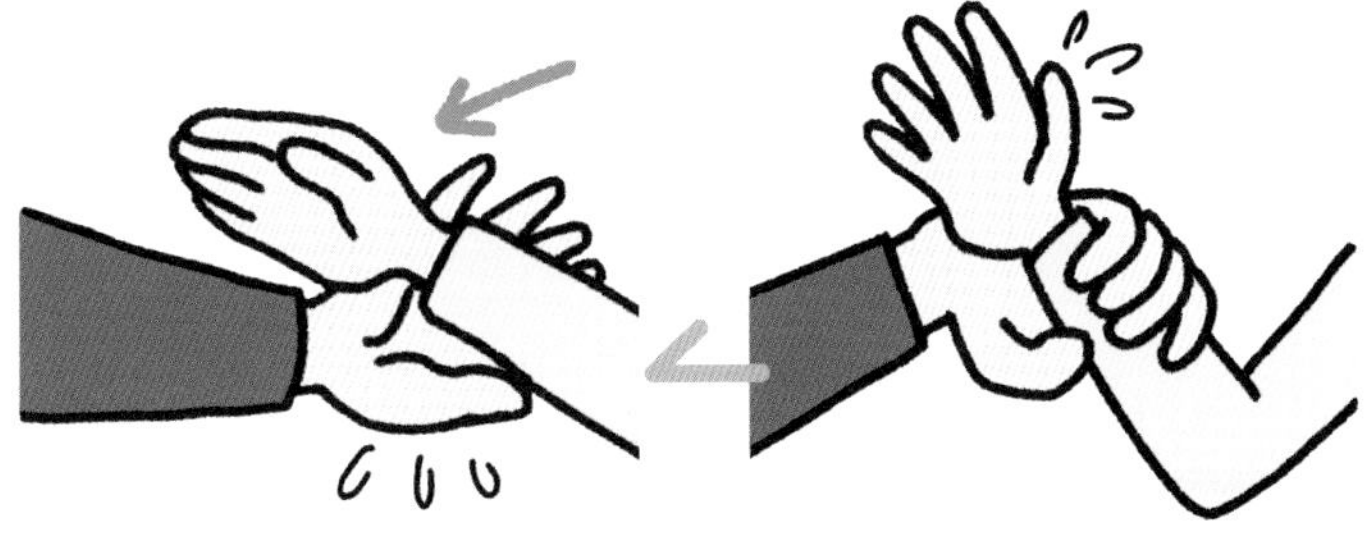

①つかまれた腕を回して、手を上に向けます

②犯人の手首を狙い、腕を伸ばしながら手刀を押し下げます

後ろから腕を回された！

素早くあごを引き、相手の肘の隙間に入れます。その後、しゃがむようにひざを曲げて相手の腕から逃げます

身近にあるものをうまく使おう

力の強い相手を前に、素手で向き合うのは頼りないものです。そんなときは、身近にある物で撃退しましょう。ペンや鍵などの硬いものは、握って相手に刺すことでダメージを与えられます。ハードカバーの本の角も攻撃力があるので、バッグに１冊入れておくといいでしょう。ショルダーバッグを相手の顔に当てれば意表をつくことができますし、小銭を相手の顔めがけてなげつけることもできます。靴の角やヒールも、相手のすねを蹴れば武器になります。

窃盗犯が近寄らない防犯意識の高い住宅づくり

家の防犯対策は、侵入者の気持ちになって考える必要があります。上のイラストは、侵入者が好む家なので、それぞれの問題を解消することで防犯につながります。

また、犯人は犯行前に下見を行うことが多いといわれています。庭に茂る木など死角はあるか、足場があるか、逃げやすい出口はあるかなどを確認し、ターゲットを見極めているのです。侵入口として多いのは窓、次いで表出入口です。補助鍵がなく、窓を割ってクレセント鍵を外せば簡単に入れる家は狙われやすくなります。

侵入されやすい家とは

見通しの悪いバルコニー
隠れ場所になるので侵入者には好都合

鍵が１つのドアや窓
補助鍵がついていないので侵入しやすい

防犯カメラがない
カメラがあると防犯意識が高いと判断

センサーライトがない
人が近づくと点灯するライトは防犯効果が高い

生い茂った木
見通しが悪く人目につきにくい

高い塀
周囲からの視線を遮る

鍵をかけるのは大前提

もっとも簡単に侵入する方法は、鍵のかかっていない窓やドアから入ること。左のグラフを見ると、侵入手段として多いのが「無締まり」です。どんな対策を講じても、鍵をかけていなければ意味がありません。

●「警視庁 住まいる防犯110番」より

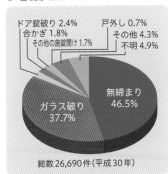

ドア錠破り 2.4%
合かぎ 1.8%
その他の施錠開け 1.7%
戸外し 0.7%
その他 4.3%
不明 4.9%
無締まり 46.5%
ガラス破り 37.7%

総数26,690件（平成30年）

近所づき合いを大切に

侵入者が犯行を諦める理由として多いのが「声をかけられた」ということです。近所にあやしい人がいたら「どういうご用件ですか？」などと声をかけ合えるような、連帯感のある近所づき合いをしていきましょう。

留守を見抜かれないようにしよう

侵入者が下見をする際、留守の時間を把握できると標的にされやすくなります。調査によると、侵入者のうち半数近くがインターホンを鳴らして確認するということがわかりました。録画機能付きのインターホンがついていることで諦めるケースもありますが、より防犯効果を高めるなら、「外でもドアホン」のような、外出先でもインターホンに応答できるグッズを使うのがおすすめです。現在はスマホで応答できる商品も出ています。

防犯

事前の設定と心構えでスマホ犯罪から身を守る

生活に欠かせないスマホですが、スマホを悪用した犯罪に巻き込まれるケースが増えています。特に、SNSでの個人情報漏洩には注意が必要です。何気なく投稿した顔写真から自宅を特定され、ストーカー被害や性犯罪に巻き込まれる可能性もあります。SNSに投稿する際は、次の3つに気をつけてください。

（1）投稿を削除しても完全に消すことはできない

投稿を削除しても、誰かが内容を保存していれば情報は残ります。

（2）不特定多数が見ている

匿名だと、発言が過剰になりがち。世界に向けて発信していると意識しましょう。

（3）完全に匿名ではない

次のページで紹介するように、設定を見直すことで個人情報の漏洩はある程度防げます。ただし、内容から個人を特定されたり、他人が意図的に情報を広めたりする可能性があります。

写真から漏れる個人情報

何気なく投稿した写真から、顔写真や学校名、居住地などの個人情報が漏れてしまう。指紋情報が抜き取られ、悪用されることも

SNSの設定を見直す

SNSをめぐる犯罪の多くは、自分が投稿した情報が原因。
設定を見直したうえで、内容には十分注意して投稿しましょう。

Twitter

ツイートを非公開に設定するとフォロワー以外にツイート内容が見られなくなります。[ホーム]左上のアイコンをタップし、[設定とプライバシー]→[プライバシーとセキュリティ]→[ツイートを非公開にする]をオンにします。また、不審なアカウントはブロックすることもできます。

Facebook

実名利用が基本なので、投稿範囲を設定しましょう。[ホーム]にある三本線のアイコンをタップし、[重要なプライバシー設定を確認]→[コンテンツのプライバシー設定]から変更できます。プロフィールも非公開にしたほうが安心です。

Instagram

アカウントを非公開にすることで投稿が友達以外に見られなくなります。右下の人型のアイコンをタップ→右上の三本線のアイコン→[設定]→[プライバシー設定]→[アカウントのプライバシー設定]を非公開にします。

LINE

スマホに登録されている連絡先を自動で「友だち」に登録したり、されたりする機能をオフにしましょう。[ホーム]にある歯車アイコンから設定できます。

個人情報の漏洩につながるおそれがあるので、位置情報はオフにして投稿したほうが安心

痴漢にあったとき 泣き寝入りしないために

周りに多くの人がいる電車内で頻繁に起こる痴漢。
通報したり、誰かに相談したりできないケースも多く
被害者が泣き寝入りしているのが現状です。
何らかのアクションを起こす方法を考えましょう。

アプリを活用して助けを求めて

犯人の手をつかんで大声を上げる……これができればベストですが、とっさに声を出すのは難しいことも。警視庁の防犯アプリ「Digi Police」は、【痴漢です 助けてください】の文字や音声で周囲に助けを求めることができます。

ひったくりにあったとき できることとは

突然カバンを奪われるひったくり。
一瞬のことなのでできる行動は限られています。
早い段階で逮捕することが
その後の被害を未然に防ぎます

無理に追いかけず、逮捕のための行動を

ひったくりに遭ったときは、大声や防犯ベルで周囲に知らせて助けを求めましょう。とっさに追いかけてしまいがちですが、追いつくことは難しく、ケガをする可能性もあります。犯人や自転車・バイクの特徴を確認して通報することで犯人逮捕につながります。

ネットで悪口を書かれた！

顔が見えないネットでは悪口もエスカレートしがち。
お互いにヒートアップしてしまうことのないよう
努めて冷静に対処しましょう。

内容によって対策を考えて

悪口に反論してしまうと、それに付け込まれてかえって炎上してしまうことがあります。単なる悪口の場合、基本的には相手にしないことが一番です。人権侵害や実害を被る可能性がある場合、法務局に相談しましょう。その後の対応の相談にのってもらえます。

個人情報がネットでさらされた！

悪意を持った人に個人情報をさらされると
それがどんどん広まり、家族に被害が出ることも。
しっかり証拠を残して対応しましょう。

すぐに削除要請を

電話番号や住所などの個人情報がネットにさらされた場合、サイトやプロバイダー、サーバーの管理者に削除要請ができます。書き込みのURLやIDなどを保存し、問い合わせフォームなどから削除要請しましょう。それが難しい場合は法務局に相談しましょう。

パソコンがウイルスに感染したらどうする？

パソコンがウイルスに感染すると
起動できなくなったり、スパムメールが届く場合も。
セキュリティソフトを使うなど
日頃から対策を講じておきましょう。

対策ソフトですぐに駆除を！

ウイルスに感染したら、それ以上被害が広がらないようネットワークを切断します。その後セキュリティソフトの指示に従って駆除します。ソフトは常に最新版にアップロードしておきましょう。ソフトを利用していないなら、今すぐインストールしておきましょう。

空き巣に入られたとき まずやるべきことは

留守の間、何者かが侵入した形跡があったら
誰もがパニックに陥ってしまうでしょう。
まずは身の安全を守り、犯人逮捕のために
できることを行いましょう。

安全な場所ですぐに通報を

被害状況を確認したくなってしまいますが、犯人がまだいるかもしれません。まずは外に出て安全な場所で通報しましょう。鉢合わせになった場合は急いで逃げ、大声で助けを呼んでください。警察の捜査があるので、家の中はそのままの状態にしておきましょう。

爆弾テロで生き残る方法は

突然のテロで生き残るには、
瞬時に命を守るための行動をしなければなりません。
判断力と日頃の意識が大切です。

飛散する破片から自分を守る

爆発現場と距離があればすぐに逃げますが、近い場合は飛散する破片から身を守らなければなりません。頑丈な壁があれば隠れ、なければ地面に伏せます。カバンなどがあれば頭をガードしましょう。

毒物をばらまかれたとき吸入を防ぐには

危険物質がばらまかれるテロでは、その物質が体内に
入るのを防ぐことが生き残るカギになります。

ハンカチなどで鼻と口を覆う

有毒物質が体内に入らないよう、ハンカチやマスクなどで鼻と口を覆い、その場から逃げます。ペットボトルの水などで濡らして使うとさらに効果があります。気体は目に見えないため、深呼吸は厳禁です。

防犯のプロに聞く

PROFILE

立正大学文学部教授
社会学博士
小宮（こみや）信夫（のぶお）さん

ケンブリッジ大学大学院犯罪学研究科修了。行政や学校などに防犯アドバイスを行っている。公式ホームページは「小宮信夫の犯罪学の部屋」

Q 犯罪を予測する「犯罪機会論」ってなんですか？

A 犯罪機会論は、犯罪の機会（チャンス）の有無によって未来の犯罪を予測する考え方です。犯罪の機会とは、犯人から見て、「犯罪が成功しそうな雰囲気」のことです。一般的に、犯人には犯行の動機があり、その動機が犯罪を起こすと考えられていますが、それだけではありません。犯行の動機がある人が犯罪の機会に出くわしたときに、初めて犯罪が起こるといえます。そう考えると、犯罪が成功しそうな雰囲気がなければ、犯罪をあきらめる可能性が高いということになります。そして、その雰囲気をつくっているのは、「場所」や「状況」です。その場所や状況の特徴を見つけ、前もって避けることができれば、犯罪が起こる前に防ぐことも可能になります。

Q 犯罪が起きやすい場所と起きにくい場所の違いはなんですか？

A 犯罪が起きやすい場所に共通しているのは、「入りやすく、見えにくい場所」ということです。入りやすさとは、犯罪者が、ごく自然にターゲットに近づくことができ、そしてその場から簡単に逃げることができ

住宅街

●犯罪がおきやすい場所
通りの両側に高い塀が続いている

●犯罪がおきにくい場所
多くの家の窓が通りから見える

公園

●犯罪がおきやすい場所
木々に囲われている

●犯罪がおきにくい場所
フェンスに囲われている

る場所ということです。見えにくさとは、犯罪が目撃されにくく、通報されるおそれが少ない場所ということです。「見えにくさ」には、物理的なものと心理的なものがあり、後者には、落書きなど管理が行き届いていない場所と、不特定多数が集まる場所があります。このような場所は犯罪が成功しやすい雰囲気が漂っているといえるでしょう。逆に考えると、「入りにくく、見えやすい場所」は犯罪が起こりにくい場所ということになります。上のイラストは、危険な場所と安全な場所の比較です。

Q 特に犯罪が起きやすい危険な場所はどこですか？

A 公園と公共のトイレがもっとも危険です。まず公園ですが、木々に囲まれていることが多く、見えにくい状態になっています。日本の団地では、窓のない壁に沿って公園がつくられることがありますが、そこも「見えにくい」公園です。次にトイレですが、日本では男子用、女子用のほかに「だれでもトイレ」がよく設けられています。これは、犯人が子どもと一緒に「入りやすい」場所になるので危険です。男女の出入口が隣接している場合も後をつけたり、連れ込んだりしやすいといえるでしょう。ショッピングモールなどのトイレは階段の踊り場など見えにくい場所にあることも多く、子どもを一人で行かせるのは危険です。

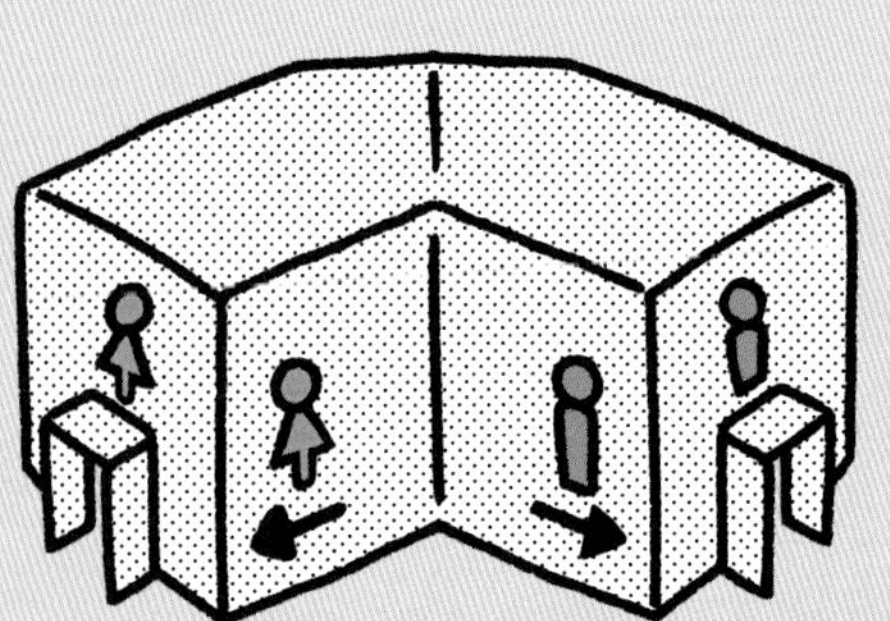

男子用と女子用のトイレの入口が離れていれば、後ろからついていくと気づかれやすいので比較的安全

Q 人がたくさんいる場所は安全ではないのですか？

A 人気のないところでは自然と警戒心が強くなりますが、人がたくさんいるところでは無防備になる人が多いでしょう。しかし、人が多いと、ターゲットに近づいても周囲に気づかれにくいため、「見えにくい場所」となります。犯行自体は人気のない公園などに連れ込んで行われるとしても、ターゲットを定めて尾行を始めるのは駅前やコンビニなどであるケースが多いのです。

Q あやしい人を見分ける方法はありますか？

A 「不審者」という言葉がよく使われますが、これから犯罪を起こそうとする人を外見で見分けるのは無理な話です。子どもに「あやしい人について行ってはいけません」と言い聞かせることがありますが、外見が「ふつうと違う」人をあやしいとする意識は、差別を生むことにもつながります。もしくはすべての大人を疑うようになり、助けを求めることもできなくなってしまうかもしれません。「犯罪者を見分ける」という大人でもできないことを強要するのではなく、危ない「場所（景色）」かどうかで判断することで、犯罪に巻き込まれるのを防ぐことができます。

Q 防犯ブザーや護身術は役に立ちますか？

A 意味がないとはいえませんが、防犯ブザーや護身術が役に立つのはすでに犯罪者が目の前にいるときです。力の弱い女性や子どもがとっさに抵抗するのには限界があるでしょう。子どもに防犯ブザーを持たせている保護者は多いですが、犯罪者を犯行前に見分けることは困難です。犯人はふつうの人の外見で、ときに親切にふるまって子どもをだまします。そのため、防犯ブザーを鳴らそうともしない間に連れ去られたり、性犯罪に巻き込まれたりしてしまうのです。「人」に注目するよりも、場所や環境に注目して、犯罪者に出あわないようにすることのほうが効果的です。

Q　後をつけられていると感じたらどうしたらいいですか？

A　次の方法を試してみてください。

（1）道の右側を歩いていたら左側に、左側を歩いていたら右側に変える。相手も歩く側を変えたらもう一度左右を変え、さらに相手も変えてきたら通報する。

（2）歩く速度を速くし、相手も同じ速度でついてくるかを確かめる。ついてきたら小走りし、それでもついてきたら通報する。

（3）安全な場所で立ち止まり、電話をするふりをする。「待ち合わせ場所に着いた」と話しながら、相手を先に行かせる。相手も立ち止まったら通報する。

こんなにすぐに通報していいのかと聞かれることがありますが、問題ありません。2013年に三重県で、スマホを見ながら歩いて帰っていた女子中学生が尾行に気づかず、殺害された事件がありました。歩きスマホの人は、犯罪者にとって狙いやすいターゲットになります。つねに警戒心を持って「見えないバリア」を張ることが大切です。このバリアは、普通の人には見えませんが、犯罪者には伝わります。バリアを張ることで、入りやすい場所も入りにくい場所になるのです。

Q　子どもにはどのように防犯意識を伝えればいいですか？

A　子どもと一緒に道を歩きながら、「ここはガードレールがないから、入りやすい場所だね」と話したり、子どもが巻き込まれた事件のニュースなどを見ながら「事件の現場はどういうところかな。やはり、周りを見ても家の窓がないところだね」と話したり、日常的に話をすることが大切です。一緒に歩いたり、映像を見たりと、実際に見ることで子どもは学んでいきます。

また、子どもには大人との関わりを増やし、コミュニケーション力をつけてほしいと思います。そうすると、犯罪者に話しかけられても、会話の中で相手のおかしな点に気づくことができ、だまされにくくなります。

 COLUMN 04

心のケア② 専門機関編

新型コロナ、被災、性犯罪による
心のケアには、
国や自治体の相談窓口を利用

感染症、被災、犯罪被害による心の不安が深刻な状況で、どうしたらよいのかわからないような場合は、すぐに専門機関に相談することが大切です。

例えば、新型コロナウイルス感染症の影響による心のケアについて厚生労働省は、「新型コロナウイルス感染症関連 SNS 心の相談」というチャット形式で相談できるウェブサイトを設けています。

被災に関する心のケアには、各都道府県・政令指定都市に設置されている精神保健福祉センターがあります。医師や精神保健福祉士、臨床心理士などの専門家が在籍しており、さまざまな相談ができます。

犯罪被害に関する心のケアには、各都道府県・政令指定都市に、犯罪被害者等相談窓口、各都道府県警察の被害者相談窓口（犯罪被害者支援室）、検察庁の被害者相談支援員制度、法テラス犯罪被害者支援ダイヤル、民間被害者支援団体などがあります。また、被害者同士が安心して気持ちを語り合うことができる自助グループもあります。これらの相談窓口は、警察庁の犯罪被害者等施策のウェブサイトで見ることができます。

PART 05

お金とくらしのまもり方

災害時の「困った！」を想定して備えよう

地震や水害で被災したとき、くらしやお金にどんな「困りごと」が起きるでしょうか。事前に想定することが、備えの第一歩です。

［住まい］

自宅が損壊、住む場所がなくなった
⇦P.120

住まいの修理・再建の資金がない
⇦P.120

家の権利証がなくなった
⇦P.121

ローンが残っている・返せない
⇦P.122

借家・賃貸住宅が損壊した
⇦P.122

住宅取得時に気をつけることは？
⇦P.123

パート５のアドバイザー
清水 香（しみず・かおり）さん

ファイナンシャルプランナー、社会福祉士。FP&社会福祉士事務所Office Shimizu代表、（株）生活設計塾クルー取締役。著書『どんな災害でもお金とくらしを守る』（小学館クリエイティブ）、『地震保険はこうして決めなさい』（ダイヤモンド社）など。

［お金］

避難時に現金は必要？
←P.124

通帳・カードがなくなった
←P.124

生活再建の資金が足りない
←P.125

仕事を失った・働けない
←P.126

家族（働き手）が亡くなった
←P.128

日常のお金が回らない
←P.128

［保険］

火災保険と地震保険の違いは？
←P.130

どんな保険が必要？
←P.132

保険の請求はどうする？
←P.134

保険証券がなくなった
←P.134

自分が入っている保険がわからない
←P.134

分譲マンションの保険はどう入る？
←P.135

被災時の「住まい」の困りごと&対処法

住む場所がなくなった

仮設住宅は無料で入居可能

災害で住まいを失ったときは、まずは避難所や、親戚・知人宅等に一時的に身を寄せることになります。住宅が全壊し、その後、自力で住まいを確保するのが難しい人のために無料で提供されるのが「応急仮設住宅」です。応急仮設住宅には、プレハブ住宅などを建設して提供するものと、自治体が民間の賃貸住宅を借り上げて提供するものがあります。いずれも、入居を希望する場合は自治体の窓口で申請します。希望者全員に提供されることもありますが、所得制限などの条件がある場合もあるので、確認が必要です。

仮設住宅の入居期限は原則的に2年です（延長される場合もあり）。その後、自力での住宅確保が難しい場合は、地方公共団体が国の助成を受けて整備する「災害公営住宅」に低廉な家賃で入居することもできます。

避難所の場所は、事前に自治体のウェブサイトなどで確認を

修理・再建の資金がない

最大300万円の支援金あり

自然災害で住まいが全壊または大規模半壊（→損壊の区分はP.127）となった世帯は、損壊の程度や再建の方法に応じて最大300万円の支援金が受け取れます。これは「被災者生活

再建支援制度」（↓P.125）によるもので、住まいの損壊に対して現金支援を受けることができる現状で唯一の制度です。

低利の融資制度も

住宅が被災して罹災証明書の交付を受けた人は、住宅金融支援機構の「災害復興住宅融資」を利用できます。これは住宅復旧のための建設や購入、補修に対する融資で、金利は全期間固定で低利ですが、年収に占める返済額の割合などいくつかの融資基準があります。

住宅が大規模半壊・半壊または準半壊の被害を受けたけれど、修理すれば住み続けられる場合、災害救助法の「住宅の応急修理」を利用できます。屋根・トイレなど日常生活に必要な部分が修理の対象で、市町村が修理を手配します（限度額あり）。

家の権利証がなくなった

紛失しても権利は失われない

不動産の権利証を紛失しても、所有権等は失われません。本人確認等の手続きを取れば不動産の取引も行えます。

●「住宅の応急修理」利用の注意点

利用期間は災害発生から原則１か月以内なので早めに申請を。また、自宅に住み続けるための支援なので、この支援を受けると仮設住宅には入居できません

ローンが返せない債務の減免を受けられることも

被災によって住宅ローンの返済が難しくなった場合、罹災証明書とともに被災者であることを借り先に申し出れば、当面の間、返済が猶予されます。

また、「自然災害による被災者の債務整理に関するガイドライン」に基づく被災ローン減免制度を利用することで、債務の減免を受けられる可能性もあります。どの金融機関でも利用でき、住宅ローン以外も対象ですが、適用を受けられるかは金融機関との話し合いになります。

住宅ローンの返済が滞ると、通常なら全国銀行個人信用情報センター（ブラックリスト）に登録されてしまいますが、この制度を利用してもブラックリストにのることはありません。平常時の破産手続きなら手放さなければならない財産を手元に残せることも、利点といえます。

●専門家による無料支援も

被災ローン減免制度の利用には、資産や年収等の一定の条件があります。利用に際しては、国の補助によって「登録支援専門家」（弁護士）による手続き支援を無料で受けられます

借家・賃貸住宅が損壊住み続ける場合はオーナーに修繕義務

賃貸住宅が倒壊して居住不可能な状態になると、賃貸借契約は終了します。入居者の原状回復義務がなくなり、敷金も全額戻ります。住まいが全壊または

リスクと備え方 ①

ファイナンシャルプランナー
清水 香さん

住宅取得時には災害リスクを確認して

住まいを決めるときは、交通の便や価格を優先しがち。居住地の災害リスクや、住宅の安全性にも留意しましょう。災害が頻発するなか、より安心して暮らすための基本条件です。
「ハザードマップ」は、一定の自然災害が発生したとき、居住地がどのような被害を受けるかを予測した地図です。浸水や土砂災害、津波など、地域の特性に応じて市区町村が作成、提供しているので確認を。住宅建物は、法律の耐震基準を満たす 1981 年以降新築された住宅かをチェック。安全な住宅の目安になります。

無理のない資金計画を

住宅取得時の資金計画も重要です。物件価格の 2 割以上を頭金として準備し、借入額を抑えます。貯蓄のすべてを住宅資金にあてることは避け、必ずまとまったお金を手元に残して臨みます。返済中に予期せぬ事態で収入が減る可能性も考えられるので、無理のない返済額にとどめ、最長でも定年までなど長すぎない返済期間にしましょう。通常のメンテナンス費用だけでなく、突然の災害で住宅再建や修繕に費用が掛かることも考えておかなくてはなりません。賃貸世帯は住宅再建や修繕が不要で、持ち家と比べ資金リスクが小さくなります。被災で住まいを失う可能性はありますが、財産の損害は自身の家財のみにとどまります。

大規模半壊となれば、賃貸入居者は「被災者生活再建支援金」（→P.125）を受け取れます。損壊しても住み続けられる場合、オーナーに修繕義務があります。ただし、修繕のために一時退去が必要な場合もあります。

災害時の賃貸借契約をめぐるトラブル解決には、「災害ADR」の利用もひとつの方法です。「ADR」とは、裁判によらず話し合いで紛争解決を目指す手法のこと。大規模被災地では、都道府県の弁護士会が独自に「災害ADR」を開設していることもあります。

被災時の「お金」の困りごと&対処法

避難時に現金は必要?

千円札と小銭があると安心

災害時には停電等でクレジットカードや電子マネーが使えないこともあります。避難時には現金をある程度持ち出せるようにしておきましょう。数日分の食料や日用品が買える程度の現金があると安心です。

店では釣り銭が不足している可能性もあります。千円札や小銭があったほうがよいでしょう。

通帳やカードを紛失

本人確認できれば預金は引き出せる

災害で預金通帳やキャッシュカード、印鑑などを紛失しても、預金は引き出せます。大規模災害時には、国や日本銀行から金融機関に「金融上の措置」をとる要請がなされ、本人確認ができる書類があれば一定額の預貯金が引き出せるなど、柔軟な対応が求められるからです。

身分証明証として使うことの多い運転免許証や健康保険証も、再発行できます。避難の際は貴重品を取りに戻ったりせず、命を守ることを最優先に行動しましょう。

保険証がなくても医療サービスは受けられる

大規模災害時には、健康保険証を提示できなくても、氏名、生年月日、連絡先等を伝えれば、自己負担分だけで医療サービスを受けられる措置が取られます。災害救助法が適用された災害の被災者は、医療費免除になることもあります。

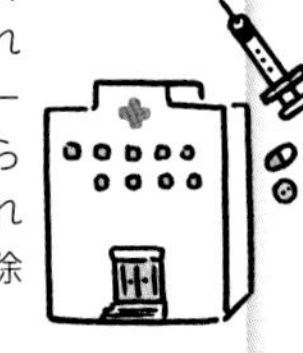

生活資金に困ったら…

自治体の支援策も確認を

「被災者生活再建支援金」の「基礎支援金」および「加算支援金」は、使いみちが自由です。報告なども不要で、生活再建等で必要になる支出にあてることができます。

このほか、地方自治体が独自の支援策を用意していることもあるので、自治体のウェブサイトなどで確認するとよいでしょう。

市民からの寄付などによる義援金は、各自治体から被災者に届けられます。被害の程度などの基準に応じて自治体ごとに公平に配分されますが、被災者の手元に届くまでには時間がかかります。

公的な貸付制度も

災害で負傷したり、住宅や家財に被害を受けたりした場合、市町村による「災害援護資金」の貸付制度を利用することもできます。所得制限があるので利用できるかは確認が必要です。被害に応じて限度額が決まっており、上限は一世帯あたり350万円です。

●被災者生活再建支援制度

▶基礎支援金

住宅の被害程度（罹災証明書による）に応じて支給

住宅の被害程度	支給額
全壊	100万円
解体（半壊や敷地被害で解体）	100万円
長期避難（居住不能な状態が継続）	100万円
大規模半壊	50万円

＋

▶加算支援金

住宅の再建方法に応じて支給

住宅再建方法	支給額
建設・購入	200万円
補修	100万円
賃借（公営住宅を除く）	50万円

●「基礎支援金」+「加算支援金」の合計額が受け取れます。
●被害を受けた世帯が少ない市町村の場合、制度の対象とならないこともあります。

仕事を失った・働けない

勤務中のケガは労災申請を

勤務先が被災して失業した場合は、失業手当の受給の手続きをしましょう。勤務中や通勤中に被災してケガをした場合などは、労災が認められることもあります。

災害によって重度の障害を受けた場合は、「災害障害見舞金」が支給されます。対象となるのは両眼失明、要常時介護等の重い障害で、生計維持者の場合は250万円、その他の人の場合は125万円です。

● 各種支援と相談窓口

困りごとや目的		支援の内容	問い合わせ先
生活基盤への被害・生活資金不足	受け取れるお金	被災者生活再建支援制度による支援金	都道府県、市町村
		地方自治体独自の支援金	都道府県、市町村
		義援金	都道府県、市町村
		生活保護制度による保護費	都道府県、市町村
	利用できる融資	災害援護資金	市町村
		生活福祉資金貸付制度	都道府県または市町村の社会福祉協議会
税金や保険料・生活費の軽減・猶予		地方税の減免・猶予	各自治体の税務課
		国税（相続税・法人税など）の減免・猶予	税務署
		所得税の減免	税務署
		社会保険料・窓口負担の減免・猶予	市町村、年金事務所
		公共料金の減免・猶予	各自治体、公共サービスの契約先
		放送受信料の免除	日本放送協会
家族が亡くなった		災害弔慰金	市町村
障害を負った		災害障害見舞金	市町村
仕事を失った		雇用保険の失業手当給付	公共職業安定所（ハローワーク）
子どもの養育・就学		災害救助法による教科書・教材の支給	都道府県、市町村
		小・中学校の就学援助措置	都道府県、市町村、学校
		高等学校授業料等減免措置	都道府県、市町村、学校
		大学等授業料等減免措置	学校
		緊急採用奨学金	学校

支援を受けるために必要な「罹災証明書」

被災後、さまざまな公的支援を受ける際に必要になるのが「罹災証明書」と「被災証明書」です。

「罹災証明書」は、住まいがどの程度被害を受けたのかを証明する書類で、被災した人が市町村へ申請することが必要です。市町村が調査を行い、被害程度が「全壊」「大規模半壊」「半壊」「準半壊」「準半壊に至らない（一部損壊）」のいずれかに認定され、罹災証明書に記載されます。被害程度により、どのような支援を受けられるかが変わります。

「被災証明書」は、家財や自動車など、住宅以外の被害を証明するものです。こちらは被害の程度の認定ではなく、被害を受けたことを証明するもので、自治体によっては罹災証明書を被災証明書の代わりにする場合もあります。

●罹災証明書の被害程度の区分

被害の程度	損害割合
全壊	50％以上
大規模半壊	40％ 以上 50％未満
半壊	20％以上 40％未満
準半壊	10％以上 20％未満
準半壊に至らない（一部損壊）	10％未満

・市町村への申請から認定まで、最低１週間はかかる。
・認定結果に不服の場合は再調査依頼ができる。

●被害状況は写真撮影を

罹災証明書交付のための調査員や保険会社の鑑定人などが、すぐに被害確認に来られないこともあります。正しい認定を受けるために、住宅や家財の損害の状況は、片付ける前に写真撮影をしておきましょう

家族(働き手)が亡くなった

見舞金が受け取れる

一定規模の災害で亡くなった人の家族に対しては、市町村から「災害弔慰金」と呼ばれる見舞金が支払われます。金額は、一家の生計維持者が死亡した場合は500万円、それ以外の人の場合は250万円です。

災害により行方不明の状態が3か月以上続いている場合も、亡くなったものと推定して弔慰金が支払われます

日常のお金が回らない

各種料金の支払い猶予をチェック

災害時には、税金や社会保険料の減免、公共料金の免除を受けられることがあります。また、保険会社や携帯電話会社が、保険料や利用料の支払い期限の延長を行うこともあります。それぞれの窓口に問い合わせ、受けられるサービスを確認しましょう。

所得税の減免制度

自然災害で住宅や家財に損害を受けた場合、次のいずれかの方法で、確定申告により所得税を安くすることができます。

ひとつは「雑損控除」の利用。生活に必要な資産の損害を、所得金額から差し引きます。損失額が大きく控除しきれない場合は3年繰越が可能です。

もうひとつは「災害減免法」による制度の利用。所得が1000万円以下で、住宅や家財に時価の2分の1以上の損失が生じた人が対象で、所得金額に応じて所得税の25%~全額が控除されます。こちらは単年の減免です。

この二つのうち、得になるほうを選べます。

リスクと備え方②

ファイナンシャルプランナー
清水 香さん

公的支援は限定的

被災して住まいを失っても、住宅ローンはなくなりません。一方で、被災後に新たな暮らしを始めるには、何らかの形で住まいを確保することが必要です。つまり被災後は、失った住宅のローンに加えて新たな住宅のための費用と、住居費の二重負担が生じる最悪のケースも考えられるのです。

住宅ローンがないとしても、住宅再建には数千万円レベルの資金が必要です。被災時は住宅だけでなく家財、さらに仕事など、さまざまなものを失うことがあります。こうしたなか、手持ちの資金だけで被災後の生活再建を図ることは、多くの場合困難でしょう。

にもかかわらず、公的支援は限定的です。住宅が全壊等となった世帯が被災者生活再建支援金を受けられる場合でも、給付は最大300万円にとどまります。

資金リスクを把握して保険で備えを

●被災時の家計リスク

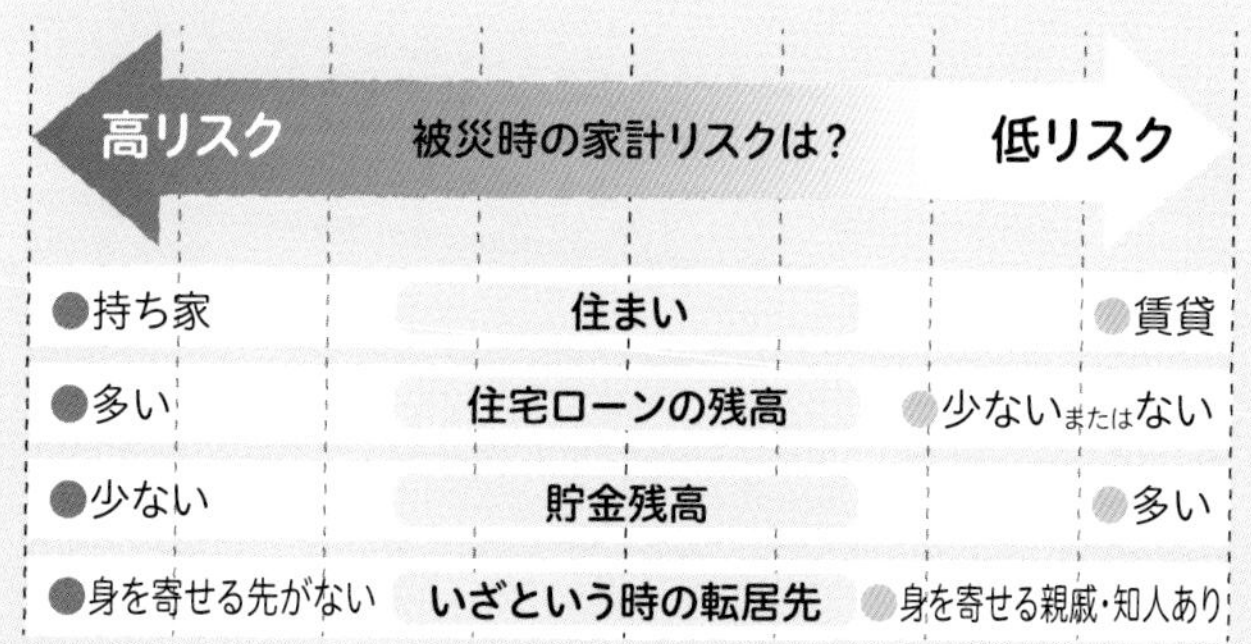

高リスク
被災時の家計リスクは?
低リスク
●持ち家
住まい
●賃貸
●多い
住宅ローンの残高
●少ないまたはない
●少ない
貯金残高
●多い
●身を寄せる先がない
いざという時の転居先
●身を寄せる親戚・知人あり

つまり、被災後の住宅再建や生活再建は手持ちの資金では対応が難しく、公的支援も限られている現状があり、「保険」で備える他に手段は見当たりません。資金リスクの大きい持ち家世帯はとりわけ、保険による十分な備えが不可欠です。

賃貸世帯も被災者生活再建支援金を受け取れますが、居住地の災害リスクに対応する家財の保険で備えておきましょう。

災害に備える「保険」とは？

自然災害による住まいの損害への公的支援は側面的なもの。貯蓄で対応するのが難しい大きな損害には、火災保険や地震保険で備えを

火災保険

自然災害もカバー

災害に備える保険としてまず挙げられるのが、火災保険です。火災による住宅や家財の損害だけでなく、「水災」「風災」などさまざまな自然災害による損害もカバーできます（左頁の表）。ただし、地震・噴火・津波が原因で受けた損害は対象外です。

最近の火災保険は、「再調達価額」（損害を受けた建物や家財と同等のものを購入するための金額）で契約するのが主流です。たとえば、新築であれ中古であれ、現時点で再建に要する金額が2000万円なら、保険金額は2000万円です。そこに火災保険金額と同額まで補償される水災補償があれば、水災で被害を受けたときも最大2000万円が受け取れます。

ただし、水災などの補償がついていても、条件はいろいろ。最大補償金額が火災保険金額の100％ではないことや、床上浸水に至らない場合は対象外といったこともあるので、確認が必要です。

●火災保険・地震保険の補償の範囲

火災保険	地震保険
火災(失火やもらい火など) 落雷 爆発、破裂(ガス漏れなどによるもの) 雹(ひょう)災 雪災(豪雪・雪崩など) 風災(台風・旋風・竜巻・暴風など) 水災(台風や豪雨による洪水・床上浸水・高潮・土砂崩れなど) 外部的な破損(衝突・倒壊・集団行動等による破損) 水濡れ(給排水設備の事故等) 盗難	「地震」「噴火」「津波」を原因とする 火災・損壊・埋没・流失 (例) ・地震による火災で建物が消失 ・地震で建物が損壊 ・噴火で建物が埋没 ・地震による津波で建物が流失 ※加入している地震保険で対象としている「建物」「家財」または両方が補償されます

地震保険

火災保険とセットで加入

地震等が原因の損害をカバーするには、火災保険とセットで地震保険に加入します。地震保険の契約金額は、最大で火災保険金額の50％までです。

地震保険は生活再建を支えるためのものなので、対象は住宅と生活用の家財。店舗や事務所などの事業用建物や、貴金属などの贅沢品は対象となりません。

地震は、発生する場所・規模・時期の予測が非常に困難です。その損害への補償を民間の保険商品として扱うのは難しいため、官民一体の制度として地震保険制度がつくられました。国と保険会社が共同で運営する公共性の高い保険なので、条件が同じならば、どの損保会社で加入しても補償内容や保険料は変わりません。火災保険とセットにすることで経費等が抑えられています。

地震保険の保険料は、住んでいる地域(全国を地震の危険度により区分)と、住宅の構造(建物が鉄骨・コンクリート造か木造か)によって決まります

地震保険の支払い基準

地震保険の保険金額は、建物・家財ごとに火災保険の30〜50％の金額で設定し、建物5000万円、家財1000万円の上限があります。対象となっている建物・家財の損害の程度（罹災証明書の区分とは異なる）によって、地震保険金額の5〜100％が支払われます。

どんな保険が必要か

居住地の災害リスクをカバーできるものを

大手損保の火災保険の主流は、

●火災保険・地震保険の対象

①建物のみ	②家財のみ	③ 建物＋家財の両方
建物本体・物置・車庫・門・塀など	家具・家電製品・衣類など	

①〜③のどれかのパターンで保険に加入。自動車や大型バイクは家財に含まれないので、自然災害による損害をカバーするには、自動車保険に自然災害の損害をカバーできる車両保険をセットにする必要がある（ただし地震による損害は原則補償されない）

●地震保険の支払い区分

損害の程度	建物	家財	支払われる保険金
	A 主要構造部の損害額 B 焼失・流出した床面積	損害の総額	
全 損	A 時価額の50％以上 B 延床面積の70％以上	時価額の80％以上	契約金額の100％
大半損	A 時価額の40％以上50％未満 B 延床面積の50％以上70％未満	時価額の60％以上80％未満	契約金額の60％
小半損	A 時価額の20％以上40％未満 B 延床面積の20％以上50％未満	時価額の30％以上60％未満	契約金額の30％
一部損	A 時価額の3％以上20％未満 B 床上浸水または地盤面から45cmを超える浸水	時価額の10％以上30％未満	契約金額の5％

一定の補償を組み合わせたパッケージ商品。シンプルなものから手厚いものまで補償の範囲はさまざまです。代理店を通さずにネットで加入するダイレクト型の火災保険では、自分に必要な補償を絞り込むことで、保険料を抑えられることもあります。

パッケージ型

より手厚いタイプ
破損・汚損など

手厚いタイプ
水災・盗難など

シンプルなタイプ
火災・風災など

＋

地震保険

地震
噴火
津波

ダイレクト型
必要な補償だけ選択

リスクと備え方 ③

ファイナンシャルプランナー
清水 香さん

風災・水災・地震の補償を重視

住まいの災害リスクに備える保険を検討するとき、とりわけ重視したいのが「風災」「水災」および「地震」の補償です。いずれも損害保険会社が提供する補償で、風災・水災は火災保険で、地震や噴火・津波は地震保険で備えます。どのような災害リスクがあるかは居住地で異なるため、補償選択の際はハザードマップを参考にします。浸水や土砂災害のリスクがあるなら水災の補償は必須です。

昨今の集中豪雨では、マンションでも床上浸水や排水溝からのオーバーフローの可能性が否定できなくなっています。木造、マンションを問わず、居住地の災害リスクを踏まえた適切な補償を選びましょう。

ハザードマップには、災害の被害予測だけでなく避難場所や避難経路も記されています。
家族で確認を！

**ハザードマップ
ポータルサイト(国土交通省)**
https://
disaportal.gsi.go.jp/

請求から支払いまで

保険証券がなくても大丈夫 速やかに保険会社に連絡を

災害で住宅や家財に損害を受けたら、損保会社に連絡して調査を受け、保険金を請求します。保険金の支払いは原則として、請求した日から30日以内です。

保険証券を紛失しても、契約に影響はありません。保険会社の窓口に問い合わせ、保険金の請求をすることが可能です。

契約している保険会社がわからなくなった場合は、問い合わせ制度を利用できます。ただし、対象は災害救助法が適用された地域で、問い合わせできるのは被災者本人または親族（配偶者・親・子・兄弟姉妹）に限られます。

●保険金請求の流れ（火災保険の場合）

保険会社に連絡

必要書類の提出

鑑定人による損害調査

損害額の確定・説明

保険金の支払い

一般社団法人日本損害保険協会
「自然災害等損保契約照会センター」
0120-501331

一般社団法人生命保険協会
「災害地域生保契約照会センター」
0120-001731

一般社団法人
日本共済協会
0570-023140

●生命保険も請求を

生命保険の死亡保険金は、地震などの自然災害で死亡した場合も支払われます。災害死亡保険金や入院給付金については、地震等の免責事由に該当する場合は保険金が支払われないと約款上で規定されていることもありますが、東日本大震災等の過去の震災では保険金は支払われています

プロに聞く! リスクと備え方④

ファイナンシャルプランナー
清水 香さん

地震補償を充実させるには特約などを検討

いつ・どこで・どの規模で起きるかわからない地震被害を対象とする地震保険は、火災保険の50％が契約上限となります。地震補償をより多く確保したい場合、火災保険の特約で100％の補償額とする、あるいは少額短期保険で別途、地震補償を確保する方法があります。ただし官民で運営される非営利の地震保険と比べると、保険料はかなり高額です。

火災保険および地震保険の対象は住宅と家財ですから、持ち家世帯は住宅と家財に、賃貸世帯は家財について火災保険・地震保険に加入しましょう。

生協が取り扱う火災共済も、火災保険同様、自然災害で住宅や家財が被った損害をカバーします。掛金はおおむね割安ですが、風水害および地震損害の保障は限定的。住宅再建費用や修理費に満たない給付となることも多いため、最大保障額や保障のされ方を確認して加入を検討しましょう。

分譲マンションの保険はどう入る？

分譲マンションの火災保険は、戸室内は個々の所有者が、躯体やエントランス、エレベーター、貯水槽などの共用部分はマンション管理組合がまとめて加入します。ところが共用部分の地震保険の加入率は４割程度と低調。マンション修繕には多額の資金が必要で、資金不足から修繕について住民の合意形成が困難となる場合もあるため、管理組合が地震保険に加入しているかも確認しましょう。

√お金とくらしの備忘録

緊急時に備えて、銀行口座や各種保険などの情報をまとめておきましょう。
重要な個人情報なので、取り扱いには注意。
スマホの中に保存してロックをかけておくのもおすすめです。

● 銀 行 ●

銀行名(支店名)	口座番号	問い合わせ先

● 保 険 ●

保険会社名	種類	証券番号	問い合わせ先

●クレジットカード●

カード会社名	カード番号	問い合わせ先

PART 01 感染症
PART 02 風水害
PART 03 地震
PART 04 犯罪
PART 05 お金とくらし

● 健康保険証 ●

種　類	記号・番号

保険者番号	保険者名

● 運転免許証 ●

運転免許証番号

● パスポート ●

旅券番号

● マイナンバー ●

個人番号

● 年金手帳 ●

基礎年金番号

● ローン ●

金融機関名	残　高	問い合わせ先

COLUMN 05

新型コロナウイルスの影響を受けた方への支援

給付金や貸付、社会保険料等の猶予など支援を知って活用しよう

新型コロナウイルスによる未曽有の事態の中で、収入が大幅に減ったり、仕事を失ったりした人のために、さまざまな支援策が立てられています。一部を紹介します。

・特別定額給付金
基準日(令和2年4月27日)に住民基本台帳に記録されている方に対し、1人当たり10万円給付されます。

・子育て世帯への臨時特別給付金
児童手当を受給している世帯に対して、臨時特別の給付金が支給されます。

・持続化給付金
中堅・中小企業、個人事業者に対して、事業の継続を支えるための給付金です。

・社会保険料等の猶予
社会保険料、国税、公共料金等の支払・納付猶予等が認められる場合があります。

・企業主導型ベビーシッター利用者支援事業
小学校等の臨時休業等に伴い、保護者がベビーシッターを利用した場合の料金が補助されます。

・高等教育の修学支援新制度
高校生、大学生の授業料の支援策として授業料等減免と給付型奨学金による支援があります。

・住居確保給付金
収入減少により、住居を失うおそれが生じている方に一定期間家賃相当額が支給されます。

(2020年5月27日時点)

各支援の問い合わせ先は139～141ページをご確認ください。

問い合わせ一覧

50音順

感染症関連

厚生労働省　感染症情報
▶ https://www.mhlw.go.jp/stf/seisakunitsuite/bunya/kenkou_iryou/kenkou/kekkaku-kansenshou/index.html

厚生労働省 検疫所 FORTH ▶ https://www.forth.go.jp/index.html

特別定額給付金 ▶ https://kyufukin.soumu.go.jp
▶ 0120 - 260020

子育て世帯への臨時特別給付金
▶ 市町村の「子育て世帯への臨時特別給付金」窓口
▶ 制度全般については内閣府子育て世帯への臨時特別給付金コールセンター ▶ 0120 - 271 - 381

持続化給付金 ▶ https://www.jizokuka-kyufu.jp
▶ 0120 - 115 - 570

社会保険料等の猶予
▶ https://www.mhlw.go.jp/stf/newpage_10925.html

企業主導型ベビーシッター利用者支援事業
▶ http://www.acsa.jp/htm/babysitter

高等教育の修学支援新制度
▶ https://www.mext.go.jp/a_menu/koutou/hutankeigen/index.htm

風水害・地震関連

一般社団法人 日本共済協会 ▶ 0570-023140

一般社団法人　生命保険協会「災害地域生保契約照会センター」▶ 0120-001731

一般社団法人 日本損害保険協会「自然災害等損保 契約照会センター」 ▶ 0120-501331

気象庁防災情報 ▶ https://www.jma.go.jp/jma/menu/menuflash.html

義援金 ▶都道府県、市町村

緊急採用奨学金 ▶学校

▶日本学生支援機構 https://www.jasso.go.jp/shogakukin/taiyochu/kinkyu_okyu.html

雇用保険の失業手当給付 ▶公共職業安定所(ハローワーク)

公共料金の減免・猶予 ▶各自治体、公共サービス契約先

高等学校授業料等減免措置 ▶都道府県、市町村、学校

国税(相続税・法人税など)の減免・猶予 ▶税務署

国土交通省 川の防災情報 ▶ https://www.river.go.jp/portal/#80

国土交通省 ハザードマップポータルサイト ▶ https://disaportal.gsi.go.jp

災害援護資金 ▶市町村

災害救助法による教科書・教材の支給 ▶都道府県、市町村

災害障害見舞金 ▶市町村

災害弔慰金 ▶市町村

災害復興住宅融資　住宅金融支援機構 ▶ https://www.jhf.go.jp/loan/yushi/info/saigai.html

災害用伝言板(web171) ▶ https://www.web171.jp

災害用伝言ダイヤル ▶ 171

自然災害による被災者の債務整理に関するガイドライン ▶ https://www.dgl.or.jp

社会保険料・窓口負担の減免・猶予▶加入している健康保険組合など
住居確保給付金 ▶ https://www.mhlw.go.jp/content/000626236.pdf
所得税の減免 ▶税務署
小・中学校の修学援助措置 ▶都道府県、市町村、学校
生活福祉資金貸与制度 ▶都道府県または市町村の社会福祉協議会
生活保護制度による保護費 都道府県、市町村
地震ハザードステーション ▶ http://www.j-shis.bosai.go.jp
地方自治体独自の支援金 ▶都道府県、市町村
地方税の減免・猶予 ▶各自治体の税務課
被災者生活再建支援制度 ▶都道府県、市町村
放送受信料の免除 ▶日本放送協会

犯罪関連

法務省 インターネット人権相談受付窓口 ▶ https://www.jinken.go.jp/

警察庁 インターネット安全・安心相談 ▶ http://www.npa.go.jp/cybersafety/

警察相談専用電話 ▶＃ 9110

警察庁 犯罪被害者等施策 ▶ https://www.npa.go.jp/hanzaihigai

新型コロナウイルス感染症関連 SNS心の相談 ▶ https://lifelinksns.net

性犯罪被害相談電話 ▶＃ 8103（ハートさん）

法テラス 犯罪被害者支援ダイヤル ▶ 0570-079714

√ 災害時連絡先メモ

災害時は、携帯電話を紛失することもあります。このページを家族の人数分コピーし、各々の情報を書き出しておきましょう。そして非常用持ち出し袋と普段持ち歩くカバンに入れておきましょう。個人情報なので取り扱いには注意してください。

ふりがな 名前	年　月　日生まれ
携帯電話	mail
職場	tel.
病院・科	tel.
病名	常備薬
歯科医	tel.

親戚	名前	関係	携帯電話	mail
	職場			tel.
	名前	関係	携帯電話	mail
	職場			tel.
	名前	関係	携帯電話	mail
	職場		tel.	

ライフライン	電気	tel.	電話	tel.
	ガス	tel.	携帯電話	tel.
	水道	tel.	プロバイダー	tel.

避難所	一時避難所
	最終避難所

その他	市区町村役場	tel.
	地域包括センター	tel.
	介護施設等	tel.
	書き込み用空欄 1	tel.
	書き込み用空欄 2	tel.

✓参考文献

PART01

『図解 知っておくべき感染症 33 原因・症状・予防法』（今村顕史・西東社）

『かぜと新型インフルエンザの基礎知識』（岡部信彦・少年写真新聞社）

『こどもの感染症── 予防のしかた・治しかた』（金子光延・講談社）

PART02

『知ろう！ 防ごう！ 自然災害② 台風・強風・豪雪・洪水』（佐藤隆雄・岩崎書店）

『危険から身を守る本　自然災害編』（山谷茉樹・創元社）

PART03

『地震　停電　放射能　みんなで生き抜く防災術　東日本大震災から私たちが学んだこと』小学館防災チーム・編（小学館）

『マンションみんなの地震防災BOOK』危機管理教育研究所 代表 国崎信江（つなぐネットコミュニケーションズ）

総務省サイト「災害用伝言サービス」https://www.soumu.go.jp/menu_seisaku/ictseisaku/net_anzen/hijyo/dengon.html

▶国土交通省　ハザードマップポータルサイト https://disaportal.gsi.go.jp

▶首相官邸サイト「防災の手引き」https://www.kantei.go.jp/jp/headline/bousai

▶備える .jp https://sonaeru.jp

PART04

『あなたのスマホがとにかく危ない 元捜査一課が教える SNS、デジタル犯罪から身を守る方法』（佐々木成三・祥伝社）

『とっさのときにすぐ護れる 女性のための護身術』（伊藤祐靖・講談社）

『もしもテロにあったら、自分で自分の命を守る民間防衛マニュアル』（武田信彦著・志方俊之監修・ウェッジ）

『犯罪は予測できる』（小宮信夫・新潮社）

『見てすぐわかる犯罪地図 なぜ「あの場所」は犯罪を引き寄せるのか』（小宮信夫・青春出版社）

『子どもは「この場所」で襲われる』（小宮信夫・小学館）

科学雑誌「Newton」 2020 年 4 月号 [「犯罪機会論」で犯罪を防げ！]（小宮信夫監修・ニュートンプレス）

▶警視庁サイト「住まいる防犯 110 番」https://www.npa.go.jp/safetylife/seianki26/top.html

▶東京都サイト「特殊詐欺対策」https://www.metro.tokyo.lg.jp/kurashi/bosai-bohan/bohan/chiantaisaku/tokushusagi.html

PART05

『どんな災害でもお金とくらしを守る』（清水香・小学館クリエイティブ）

『被災したあなたを助けるお金とくらしの話』（岡本正・弘文堂）

『災害からお金を守る』（AERA ムック・朝日新聞出版）

COLUMN

▶厚生労働省「こころの健康を守るために」https://www.mhlw.go.jp/stf/houdou/2r98520000015or4.html

▶一般社団法人　日本産業カウンセラー協会「新型コロナウイルスによる不安やストレスなどの心の問題に対処するために」https://www.counselor.or.jp/covid19/covid19column2/tabid/507/Default.aspx

▶厚生労働省「生活を支えるための支援のご案内」https://www.mhlw.go.jp/content/10900000/000625689.pdf

ブックデザイン	和田奈加子
イラスト	株式会社ぽるか 坂木浩子（PART1,2） 村山宇希（PART3,4） 須山奈津希（PART5）
取材・執筆	山口未和子（PART1,2） 明道聡子（リブラ舎）（PART3,4） 福岡千穂（PART5）
校正	株式会社円水社
本文 DTP	株式会社明昌堂
編集・執筆	肥後晴奈
編集	江種美奈子（世界文化社）

●本書の出版にあたって正確な記述につとめましたが、著者および取材対象者、世界文化社のいずれも本書の内容に対しなんらかの保証をするものではありません。本書に書かれた理論、指標、提案などに従ったことによって起こりうるいかなる被害や損傷、損失についても、出版社、著者、取材対象者が責任を負うものではないことをあらかじめ明記いたします。
●本書の内容は2020年6月現在のものです。

もしものときから日常のそなえまで 一家に一冊！防災アイデア手帖

発行日　2020年7月25日　初版第1刷発行
2020年12月10日　第2刷発行

発行者　秋山和輝
発　行　株式会社世界文化社
〒102-8187 東京都千代田区九段北4－2－29
電話　03-3262-5118（編集部）
電話　03-3262-5115（販売部）
印刷・製本　株式会社リーブルテック

ISBN978-4-418-20410-6